本書を手にとって下さった方々へ

　子どもは，絵を描いたり身近にある材料で何かをつくったりする造形活動が大好きです。学校にいるときも，家にいるときも，造形活動を楽しんでいます。黒板やノートの端，あらゆる場所がキャンバスであり，割り箸やストロー，それらが入っていた袋までもが造形活動の材料です。鉛筆をもてば描いてしまう，材料をもてばつくってしまう，それが本来の子どもの姿です。

　造形活動は，楽しいばかりではなく，心身の成長においても大切な活動です。手の巧緻性はもとより，新しいもの，面白いことを発想・構想する力や態度，その実現に向けて見通しをもって計画的に進めていく力や態度，そして，思ったように事が進められない場合に全く新たな視点で対象を捉え直す力や態度など，造形活動に取り組む中で様々な資質・能力を高めます。

　こうした造形活動を教科として担っているのが図画工作の時間です。国が行った調査でも約8割の子どもたちが図画工作の学習が好きだと回答しており，やはり子どもたちは造形活動が好きなのだということが確認できます。*　一方，好きではないと感じている子どもたちが2割近くいるともいえます。実際，描いたりつくったりすることが難しいと感じ，それが原因で図画工作の時間や造形活動が嫌いになってしまう子どもがいるのではないでしょうか。

　本書『おもしろショートワーク』シリーズは，図画工作の時間が楽しい！　好きだ！　と感じている子どもたちはもとより，いつのまにか「苦手だ，嫌いだ」と感じてしまうようになっている子どもたちも楽しんで取り組める造形活動を選んで構成しました。詳しくは「本書の特徴と使い方」のところで説明しますが，掲載している造形活動は，どれも15分から45分の短時間で取り組めるもので，ワークシートをコピーして子どもたちに手渡せば子どもたちだけでも活動が進められるようになっています。

　少し造形活動に自信を失い，苦手意識をもち始めている子どもたちでも，ワークシートを基に造形活動を進めていくことで，気がつけば造形活動が「好きだ！　楽しい！」と感じるようになり，「できる！　できた！」と自信がもてるようになってくれることでしょう。造形活動はやはり楽しみながら力をつけていくものです。楽しいが一番です。

2019年9月　　　　　　　　　　　　　　　　　　　　　　　　　　　　　　　　　　　　著者

＊　国立教育政策研究所が平成24年度・25年度に実施した質問紙調査で，「図画工作科の学習は好きだ」という項目で肯定的な回答した児童は6年生で合わせて80.3%，否定的な回答した児童は合わせて17.2%であった。(https://www.nier.go.jp/kaihatsu/shido_h24/01h24_25/06h24bunseki_zukou.pdf)
　これは，同研究所が平成16年度に実施した「音楽等質問紙調査」における同項目の結果ともほぼ変わっていない。(https://www.nier.go.jp/kaihatsu/ongakutou/04000462020007002.pdf)

もくじ

本書を手にとって下さった方々へ ……………………………… 2

本書の特徴と使い方 ……………………………… 6

● スキマ時間に大活躍！
おもしろショートワーク50

動くシリーズ

01 ヘコヘコくん ……………………………… 10

02 ノコノコくん ……………………………… 12

03 びっくりばぁ！ ……………………………… 14

04 吹きずもう ……………………………… 16

05 コロコロちゃん ……………………………… 18

06 吹きゴマ ……………………………… 20

07 クルクルストロー ……………………………… 22

08 のぼる○○ ……………………………… 24

09 紙まきゴマ ……………………………… 26

10 ジャンピング○○ ……………………………… 28

11 ミニクランクおもちゃ ……………………………… 30

12 パタパタ人形 ……………………………… 32

13 水中エレベーター ……………………………… 34

音の鳴るものシリーズ

14 ビービー笛，プープー笛 ……………………………… 36

15	紙てっぽう	38
16	ストロー笛	40
17	紙コップ de 音楽会	42

飛ぶシリーズ

18	ストローロケット	44
19	スイスイこいのぼり	46
20	フライングゴースト	48
21	ヘソヒコーキ	50
22	パッチンピョーン！	52
23	紙トンボ	54
24	わりばしてっぽう	56
25	紙パックフリスビー	58

回るシリーズ

26	キンペラ・キャンペラ	60
27	クルクルコプター	62
28	吹きかざぐるま	64
29	かざぐるま	66
30	スピンコップ	68
31	まわるおもちゃ	70
32	ぶんぶんゴマ	72

もくじ

変化するものシリーズ

33 マジカルツリー・マジカルタワー ……………………………… 74

34 のびるかざり …………………………………………………… 76

35 紙パズル ………………………………………………………… 78

36 六角返し ………………………………………………………… 80

飾るシリーズ

37 きりかざり ……………………………………………………… 82

38 クリスマスカクタス …………………………………………… 84

その他

39 いきもの発見！ ………………………………………………… 86

40 ギザギザ虫 ……………………………………………………… 88

41 クネクネちゃん ………………………………………………… 90

42 なぞの生命体出現！ …………………………………………… 92

43 マイフラワーをつくろう ……………………………………… 94

44 ふしぎなわっか ………………………………………………… 96

45 くるくるアニメ ………………………………………………… 98

46 トンネルアート ………………………………………………… 100

47 おしゃれかんむり ……………………………………………… 102

48 へんしんメガネ ………………………………………………… 104

49 紙コップパペット ……………………………………………… 106

50 水性ペン染め …………………………………………………… 108

付　録 リフレカード …………………………………………………… 110

本書の特徴と使い方

💡 スキマ時間を楽しく学びのある時間に変えよう！

●遊び感覚で楽しんで取り組め，創造性と創造力を高める「ショートワーク（SW）」

　本書シリーズは，「ショートワーク（以下SWと示す）」というタイトルが示す通り短時間で取り組むことができる活動で構成しています。いわば，遊び以上，題材未満の活動です。もちろん，どれをとっても子どもたちが遊び感覚で夢中になって取り組める活動ばかりです。しかし，その中でしっかり創造的な造形力を高められるように考えています。

　各SWを通して伸長を期待している資質や能力については，各SWの「ねらい」に具体的に示しています。

●活動内容が捉えやすいページレイアウト

　本書では，各SWを見開きで示しています（下図参照）。左ページに，活動のねらいや概要を文章で示し，右ページはその活動で子どもたちが使用するワークシートになっています。

　それぞれのSWの対象学年と活動にかかる時間を，ケーキと砂時計のアイコンで表示しています（①）。ケーキは，どの学年でも取り組める活動をホールケーキで，3・4年生以上対象をハーフサイズケーキ，少し難度が高く高学年向けな活動をショートケーキで示しています。砂時計は，1本が15分計で，1本では15分程度，2本で30分程度，3本で45分程度が制作に取り組む際の目安です。

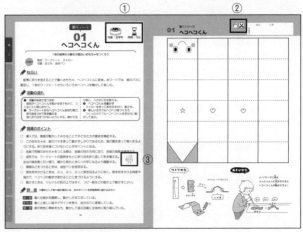

左ページ：指導案　　　右ページ：ワークシート

●コピーしてそのまま使用できるワークシート

　右ページは，子どもたちが取り組むためのワークシートになっています。このページをコピーしたり増刷したりして子どもたちに配布して活用することを前提にしています。

　はさみや鉛筆，のりなどの準備物もアイコンで示されており（②），また，活動内容の提案や，活動の手順なども書かれていますので，子どもたちは，それらを基に自律的に活動を進めることができます。

　また，学年・組・氏名を書く欄もあり，活動によってはそのまま掲示することもできるようになっています。コピー・増刷する際は，活動内容に応じた，用紙（画用紙，ケント紙，上質紙など）を選んで印刷していただければと思います。

● 指導を充実させる情報満載の左ページ

　見開きの左ページは指導案にあたります。活動の概要や準備物，ねらい，活動の流れ，指導のポイント，評価（図画工作科の題材として取り組む場合）など，SWを指導する際に参考になる情報をできる限り簡潔に，わかりやすい文章で紹介しています。指導にあたられる方が，子どもたちにワークシートを配布する前に，左ページの内容を読んで授業の流れをつかんでおいていただくことで，子どもたちの活動を一層促進したり，資質・能力を高めたりできるように構成しています。

● 子どもたちの活動を応援，促進，注意喚起するキャラクター "クリエ君"

　本書には，クリエ君が登場します（③）。命名の由来は，本書が最も大切にしたいと考えている子どもたちの「創造性＝creativity（クリエイティビティ）」です。クリエ君は，子どもたちが楽しく活動に取り組み，創造性や創造力を発揮するように応援し，促進してくれる，指導者でもあり友人でもあるという設定です。活動の導入時には，活動を提案し，活動の過程では励まし，応援し，ときには注意（特に安全に関わること）したりしながら，子どもたちの活動をよりよき方向へと導いてくれます。

● ショートワークでの学びを定着・発展させるリフレカード

　巻末には，「リフレカード」を掲載しています。リフレカードの "リフレ" とは，「リフレクション（reflection）＝省察」の略で，教育一般でいう「ふりかえり」のことです。活動の振り返りのためのカードです。このカードも，必要に応じてコピー・増刷し，配布して活用して下さい。

　カードの左上には，SWのナンバーと，活動名や作品名を記入します。振り返る項目は「① 発見したこと，工夫したこと」と「② 思い付いたこと，考えたこと」です。

　この項目は，SWの左ページの「評価」に示した「知・技」と「思・判・表」を子どもにわかる言葉にしたものです。SWを図画工作科の時間として扱う場合には，このリフレカードの記述内容を評価の資料として活用することもできます。

● 使い方

　基本的には，紹介した特徴を生かして自由に活用していただけますが，モデルとなる手順としては下の通りです。

| 子どもたちに取り組んで欲しい内容を考えてSWを選ぶ | → | SWの左のページ（指導者向け）に目を通し活動内容と指導のポイントを把握する | → | ワークシート，リフレカードを人数分増刷する | → | ワークシートを基に活動する | → | 指導者向けページを参考に適宜支援する | → | できあがったら遊んだり展示して見合ったりする | → | リフレカードに記入する |

新学習指導要領にもバッチリ対応！

●育成すべき資質・能力に対応

　新しい学習指導要領では，全ての教科等の目標や内容が「知識及び技能」「思考力，判断力，表現力等」「学びに向かう力，人間性等」という資質・能力の三本柱で整理して示されました。

　本書では，図画工作科の学習としての活用も視野に入れ，各 SW の左ページの「評価」において「知・技」（知識・技能），「思・判・表」（思考，判断，表現），「態度」（主体的に学習に取り組む態度）*で規準例を示しました。この規準例は，SW を図画工作の題材として使用する際の観点として利用するだけでなく，日々の図画工作の題材の評価規準を考える際の参考にしていただくことも可能だと思います。

　また，リフレカードも資質・能力に対応しています。本書の SW での活動はもとより，図画工作科の題材に於いても積極的に活用していただくことで，資質・能力の定着を促すことができるとともに，学習状況評価の際の資料としても活用していただけます。

●カリキュラム・マネジメントに活躍

　図画工作科の授業では，学習活動の進捗に差が出るのは日常的です。そうした場合の時間調整としてもこの SW を取り入れることで，図画工作科の授業時間枠を，他の学習や遊び時間に振り替えてしまうことなく，図画工作の時間として充実したものにすることができます。また，限られた授業時間数の中で，学習内容を充実する手立てとして，15分単位などの短時間で行う学習（モジュール授業やモジュール学習）もカリキュラム・マネジメントの１つとして提案されています。SW を朝の１時間目の前の時間や終礼前の時間などに取り入れることで，図画工作の学習の場を広げることができ，充実したものにすることもできると考えられます。

●アクティブ・ラーニングを推進

　アクティブ・ラーニングのポイントは，「主体的な学び・対話的な学び・深い学び」の成立です。本書は，子どもたちが楽しみ，半ば遊びの感覚で取り組むことができる活動を集めていますので，多くの子どもたちが「主体的な学び」を実現してくれることが期待できます。また，個人的な活動だけではなく，活動過程に友人と考え合ったり，活動後に一緒に遊んだりする中で「対話的な学び」が生じるように工夫しています。さらに，SW の左ページの指導のポイントを基に指導や言葉がけを工夫していただくことで，教師が教えすぎず，子どもがしっかりと考えて活動を進めていく「深い学び」が実現できるように構成されています。各巻での「深い学び」については，次項でも具体的な SW を例に詳しく紹介します。

---

* ３つの資質・能力の中で，「学びに向かう力，人間性等」に関しては，授業等における評価の観点は「主体的に学習に取り組む態度」となっています。
参考：http://www.mext.go.jp/b_menu/houdou/31/01/__icsFiles/afieldfile/2019/01/21/1412838_1_1.pdf

ショートワーク工作あそびは，図画工作科と他教科にも発展する深い学びを実現！

　ショートワーク工作あそび編の中では，書籍の性格上取り扱える領域に制約はありますが，小学校期に是非とも経験しておいてほしい題材を可能な限り入れました。

　それは，伝承的なものであったり，科学的なものであったり，既存の題材に改良を加えたものであったり，新作のものであったり様々ですが，その内容は最小限の材料や設計で最大限の機能を発揮し，学びを焦点化できるように考えたものです。1枚の紙であっても造形を加えることで様々な動きや造形的価値を見せるもの，シンプルな構造でものの仕組みを見せることで学びの内容を方向付けるものなど，子どもたちにとってこれまでのものの見方や見立てを変えるきっかけになると思います。

　新学習指導要領では，各教科の特質を踏まえた，「主体的・対話的で深い学び」が重要な項目として示されました。本書に取り上げた題材は，ショートワークといいながらも図画工作科における学びと同時に図画工作科を入り口としてその学びに到達するための糸口の1つになることと思います。

　例をあげますと，「18　ストローロケット」や「13　水中エレベーター」，「29　かざぐるま」などは，それをつくり，楽しく遊ぼうとするプロセスで，空気の存在や性質に関する様々な学びと出会うことになります。「22　パッチンピョーン！」，「8　のぼる○○」，「10　ジャンピング○○」などは，同様にゴムの性質に関する学びを得ることになります。「1　ヘコヘコくん」「2　ノコノコくん」は紙のバネに関する学び。「25　紙パックフリスビー」や「21　ヘソヒコーキ」は，体育科における身体のバランスに関する学び等。それぞれの学びは，生活科や理科，体育学習の場面においても応用できる知識・技能となり，深い学びにつなげることができます。

　さらに「34　のびるかざり」，「48　へんしんメガネ」，「40　ギザギザ虫」，「37　きりかざり」，「46　トンネルアート」「43　マイフラワーをつくろう」などは紙に成形を加えることで様々な造形的な価値に変化する造形上の妙味を示してくれます。「32　ぶんぶんゴマ」「49　紙コップパペット」は，集団的な遊びをする中で，子どもたちのコミュニケーションを深めるきっかけになる環境の1つとなり得ます。

　このようにショートワークは，短時間で出来る題材でありながら，様々な領域に発展する学びの糸口になるということが出来ます。本書に取り上げた題材をきっかけとしながら，図画工作科の関連した題材や様々な遊びへと発展させ，その学びをさらに発展して下さい。

動くシリーズ

01 ヘコヘコくん

対象：全学年　時間：15分

1枚の紙帯から動きが面白いおもちゃをつくろう

準備物
教師：ワークシート，ストロー
児童：はさみ，油性ペン

ねらい

紙帯に折りを加えることで動くおもちゃ，ヘコヘコくんに変身。本ワークでは，紙のバネに着目し，1枚のワークシートからいろいろなヘコヘコくんを動かして楽しむ。

活動の流れ

❶ 活動のめあてをつかむ
　教師がヘコヘコくんを動かす様子をみて，つくることに関心をもつ。
❷ ワークシートからヘコヘコくんを切り取り，折り目をつけて形を整える
　強く折り目をつけないようにする。横から見た際に，ハの字に形を整える。
❸ ヘコヘコくんを動かす
　ストローを使って息を吹きかけ，動かす。
❹ 新しいカラフルヘコヘコくんをつくる
　つくったカラフルヘコヘコくんを見せ合い動かして遊ぶ。

指導のポイント

○ 導入では，教師が動かしてみせることで子どもたちの意欲を喚起する。
○ このおもちゃは，紙のバネを使って動かすしかけであるため，指の腹を使って軽く折るようにする。折り目を強くつけないことがポイントとなる。
○ 色紙で同様のおもちゃをつくる際は，色紙の目の方向に切り，色紙の強度を確保する。
○ 成形では，ワークシートの説明をもとに折り目を折り返して形を整える。
左右の端を軽く引っ張り，横から見たときにハの字になるよう調整する。
○ 模様などをつけるときは，油性ペンを使用する。
○ 息を吹きかけるときは，ふっ，ふっ，ふっと息を切るように吹く。息を吹きかける角度や強さで，ヘコヘコくんの動きが変わることに気づけるようにする。
○ 動かすときは，ツルツルの机の上ではなく，コピー紙などの紙の上で動かすとよい。

評価
※題材として取り組む場合には，次のポイントを評価規準に盛り込みたい

知・技 動く仕組みを観察し，動かし方を工夫している。
思・判・表 動くと楽しい絵やデザインを考え，自分なりに表現している。
態度 紙の特性に興味をもち，動かして遊ぶ活動に主体的に取り組んでいる。

01 へコへコくん

動くシリーズ

ねん　くみ
なまえ

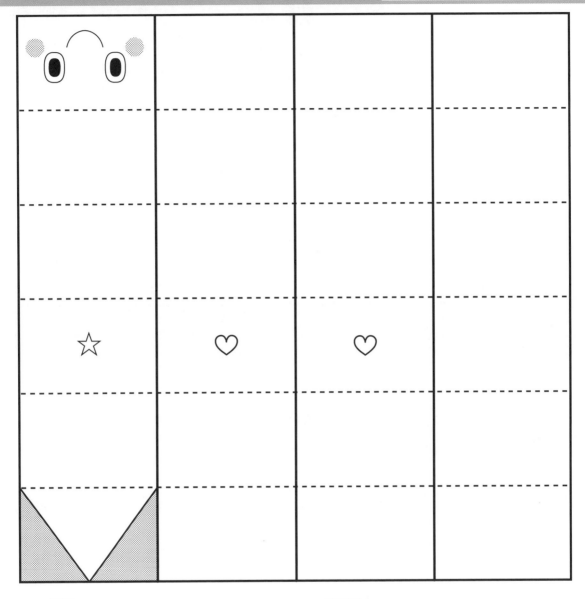

動くシリーズ

02
ノコノコくん

対象：全学年　時間：15分

1枚の紙帯から，ゆっくりゆっくり動くおもちゃをつくろう

準備物　教師：ワークシート
児童：はさみ，サインペン

✏ ねらい

紙帯に折りを加えることで，動くおもちゃ「ノコノコくん」が完成する。本ワークでは，1枚のワークシートが動くようになるしかけに気づき，動かして遊ぶことを楽しむことをねらいとしている。

✏ 活動の流れ

❶ 活動のめあてをつかむ
　教師がノコノコくんを動かし，ノコノコくんをつくることに関心をもつ。
❷ ワークシートからノコノコくんを切り取り，折り目をつけて形を整える
　折り目は強く折りすぎないようにする。

❸ 動かす
　息をゆっくり吹きかけ，動かしてみる。
❹ 新しいカラフルノコノコくんをつくる
　つくったノコノコくんをはさみで成形したり，サインペンで色をつけたりし，見せ合い，動かして遊ぶ。

✏ 指導のポイント

○　導入では，教師がノコノコくんを動かしてみせることで子どもたちの意欲を喚起する。
○　このおもちゃは，紙のバネを使って動かすしかけなので，爪を使って折り目を強く折らないように留意する。
○　成形するときには，ワークシートの説明をもとに折り目をつけた後，左右の端を軽く引っ張るようにする。その際，横から見たときに，なだらかな山形になるよう調整する。
○　息を吹きかけるときは，ふうーっ，ふうーっ，ふうーっとゆっくり息を吹くようにする。
○　動かすときは，ツルツルの机の上ではなく，コピー紙などの紙の上で動かすとよい。

✏ 評　価　※題材として取り組む場合には，次のポイントを評価規準に盛り込みたい

知・技　動く仕組みに気づき，動かし方を工夫している。
思・判・表　動くと楽しい絵やデザインを考え，自分なりに表現している。
態　度　紙を折り，吹いて動かす活動に主体的に取り組んでいる。

02 動くシリーズ ノコノコくん

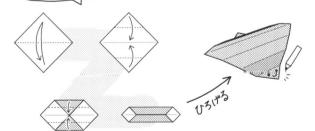

うまく動いたら，両はしをハサミで整形して
オリジナルノコノコくんをつくろう！

紙の上でゆっくり
息をふく。

動くシリーズ

03
びっくりばぁ！

対象：3年生〜　時間：30分

紙コップとたこ糸を使って飛び出すおもちゃをつくろう

準備物　教師：ワークシート，紙コップ2個，タコ糸50cm，つまようじ
児童：サインペン，鉛筆

✏ ねらい

本ワークでは，紙コップとタコ糸を組み合わせた動くしかけを使って，紙コップが飛び出すおもちゃを考えることがねらいである。2枚重ねた紙コップから飛び出したら面白いものを考える。

✏ 活動の流れ

❶ 活動のめあてをつかむ
　教師が飛び出す紙コップのしかけをみせ，活動に対する興味をもつ。
❷ 紙コップとタコ糸を組み合わせて飛び出すしかけをつくる
❸ 動かしながら，飛び出したら面白いものを考える
❹ 鑑賞し合う
　できた飛び出すおもちゃを鑑賞し合う。

✏ 指導のポイント

○ 紙コップに穴を開ける際，土台の部分については，紙コップのふちから1cmくらいのところに穴を2つ開ける。穴の大きさは，タコ糸が自由に通るくらいの大きめの穴を開ける。まず，つまようじで穴を開けたら，鉛筆の先を入れて穴を大きくし，すべりをよくするとよい。

○ 飛び出すコップの穴は，コップの底の真ん中に開ける。2本のタコ糸を通し，かた結びするが，結び目が小さいと糸を引いたときに抜けやすくなってしまうので，糸の結び目を二重にして大きくするか，結び目にセロハンテープをつけ，糸が抜けないようにする。

○ 作品を見せ合う時間には，動きにあわせて声を出すようにすると面白い。

✏ 評　価　※題材として取り組む場合には，次のポイントを評価規準に盛り込みたい

知 技　紙コップとタコ糸によってつくられる動きの仕組みを理解し，しかけを工夫してつくっている。
思・判・表　飛び出すと面白いものを考え，イメージしたものを表現している。
態　度　つくったものを動かし，友だちと見せ合うことを楽しんでいる。

03 動くシリーズ
びっくりばぁ！

ねん	くみ
なまえ	

何がとびでると
たのしいかな？

つくりかた

①

②
つまようじで3か所に
穴をあける

③
50cm

びっくりばあ！ばあ！
スペシャルな動きにチャレンジしよう！

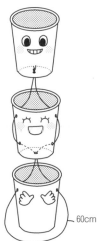
60cm

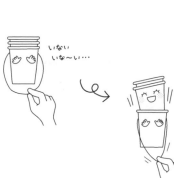
いない
いな〜い…
ばぁ！

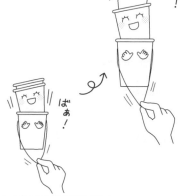
ばぁ！

コップはかるくかさねよう！

動くシリーズ

04 吹きずもう

対象：全学年　時間：15分

紙を折ると立つことを活かして，吹きずもうを楽しもう

準備物
教師：ワークシート
児童：はさみ，鉛筆

ねらい

紙を2つに折ると，紙を立てることができる。この仕組みを使って，吹いて遊べるおもちゃをつくる。折りを加えることで強度が増す紙の特性に興味をもち，それを活かして遊ぶことがねらいである。

活動の流れ

❶ 活動のめあてをつかむ
　教師が紙を2つに折り，紙を立ててみせる様子から，遊びに使えることを伝え，紙を折ってつくる活動に関心をもつ。
❷ ワークシートを切り，折って吹いて動かしてみる
　紙が倒れず，移動する，息の吹き方を探る。

まず，1つを切り出し，目などを描き込む。
❸ つくったおもちゃですもう遊びをする
　紙の上に丸い土俵を描いて遊ぶ。
❹ 吹いて動くと面白いものを考えてつくる
　作品をくらべたり，すもう遊びで勝敗を楽しんだりする。

指導のポイント

○ 導入では，教師が紙を二つ折りにして立て，息を吹きかけて動かしてみせることで遊べることを伝え，子どもたちの意欲を喚起する。
○ 強度の保持とすべりをよくするため，土台部分を折るのを忘れないようにする。
○ スムーズに動かすために，息の吹く位置は真ん中から下の方を一定のはやさで吹き，強さを加減するよう伝える。
○ すべりをよくするため，なるべくなめらかな紙の上で動かすよう伝える。
○ 友だちの作品の面白さに気づいたり，一緒に遊ぶ工夫を考えたりできるようにする。

評　価　※題材として取り組む場合には，次のような点を評価規準に盛り込む

知・技　折ることで紙の強度が増し，紙を立てることができることを理解している。
思・判・表　折る角度などを工夫し，いろいろな立て方を考えている。動くと面白いものを考え，イメージを形にしている。
態　度　折って立てて遊ぶ活動に主体的に取り組んでいる。

04 動くシリーズ
吹きずもう

ねん　くみ
なまえ

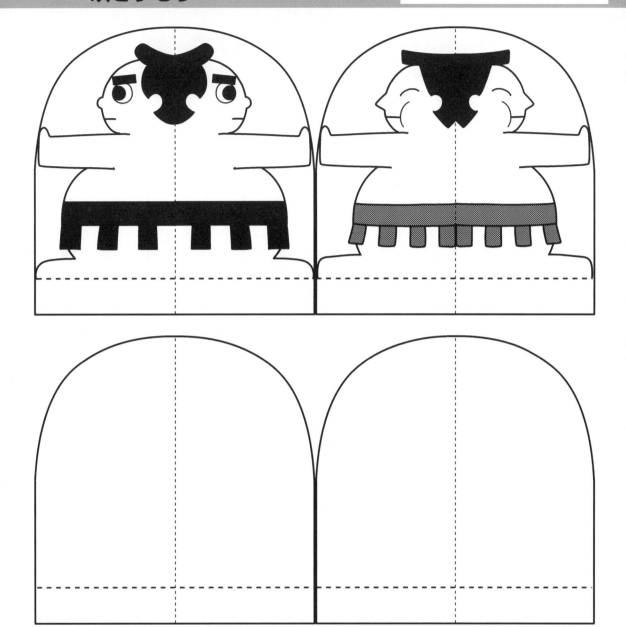

つくりかた

① 下を1回折る。　② くの字にまげる。

息を吹きかけながら、おすもうさんを動かそう。
こけたら負け！

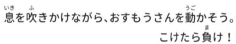

動くシリーズ

05 コロコロちゃん

対象：全学年　時間：15分

紙帯をらせん状に巻いて，転がして遊ぼう

準備物
教師：ワークシート
児童：はさみ，サインペン，のり

✏️ ねらい

　コロコロちゃんは，鉛筆などを芯にして紙帯を巻いてらせん形をつくり，それに息を吹きかけて転がすおもちゃのことである。本題材は，紙帯にサインペンなどでいろいろな模様をつけること，らせんの形に整えた紙帯に息を吹きかけ転がすことを通して，色や形の面白さに気づくことや息の吹き方を工夫することをねらいとしている。

✏️ 活動の流れ

| ❶ 活動のめあてをつかむ
　教師が紹介する紙帯の形や動きをみて，いろいろな紙帯の模様やその動きに関心をもつ。
❷ 長方形の紙帯を切ってつなぎ，サインペンで模様をつける
　転がる様子を想像しながらどんな模様をつけるか考える。 | ❸ 紙帯を鉛筆などに巻きつける
　鉛筆に紙帯をらせん状に強く巻きつける。
❹ 鉛筆から紙帯をはずし，形を整える。紙帯に息を吹きかけ転がして遊ぶ
　息の吹き方を調整しながら，上手く転がす。 |

✏️ 指導のポイント

○　導入では，模様をつけていないらせん状の紙帯を転がして見せることで，どんな模様がつくと楽しいかを子どもが考えられるようにし，興味を喚起する。

○　はさみを使用するときは，はさみの進行方法に絶対手を置かないように伝える。必ず，はさみの横に紙をもつ手を置くようにする。

○　模様は，下書きをせず，直接サインペンで描く。すぐに転がすことを考えると油性ペンが望ましい。

○　作品を見せ合う時間には，模様の面白さや息の調整による動きの変化に着目する。

✏️ 評価　※題材として取り組む場合には，次のポイントを評価規準に盛り込みたい

知・技	動くと楽しい紙帯の模様を考え，らせんの形を意識してつくっている。
思・判・表	動くと楽しくなる模様を紙帯に表現し，色の変化や息の吹き方の工夫に気づいている。
態度	らせんの紙帯を友だちと転がす活動に主体的に取り組んでいる。

05 動くシリーズ
コロコロちゃん

ねん	くみ
なまえ	

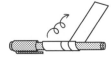
紙の帯をえんぴつなどにななめに強くまいて、クセをつける。

両はしを左右にひっぱり、形をととのえる。

コロコロちゃんに息をふきかけると、コロコロまわりながらころがるよ！

動くシリーズ

06 吹きゴマ

対象：全学年　時間：30分

1枚の紙からよく回るコマをつくろう

準備物　教師：ワークシート
児童：はさみ，サインペン

✏ ねらい

　円形に切った紙を折り畳み，周囲をとめ切りして折り目をつけることで回るコマが完成。本ワークでは，1枚の円形の紙からコマの形状を切り取り，紙が回る仕組みを理解する。また，着彩することで，回るときれいなコマをつくることをねらいとしている。

✏ 活動の流れ

❶　活動のめあてをつかむ
　教師が紙を折り，吹いて回す様子を見ることで，制作に関心をもつ。
❷　ワークシートを切り取り，折り目をつける
　丁寧に円形に切り，しっかりと折り目をつける。
❸　サインペンで好きな色や模様を描く
❹　こまを回して遊び，作品を鑑賞したり，遊び方を考えたりする
　息の吹きかけ方を工夫したり，友だちの作品との違いに気づいたりする。

✏ 指導のポイント

○　導入では，教師があらかじめ円形に切っておいた紙を折り，息をふきかけて回して見せることで，子どもたちの制作への意欲を喚起する。
○　紙を切る際には，コマはバランスが大切であるため，丁寧に円形に切るように伝える。
○　ワークシートの線にそって正確に折るとともに，爪でしっかりと折り目をつける（爪アイロン）ようにする。
○　コマは，横から見たときに全体に同様の傾斜がついているか紙の広がりを調整する。
○　コマ回す際には，紙の広げ方，息を吹きかける角度，強さなどを工夫することで，回り方が異なることに気づけるようにする。
○　作品を見せ合う時間には，色の変化の面白さや新しい遊び方に着目する。

✏ 評　価　※題材として取り組む場合には，次のポイントを評価規準に盛り込みたい

知・技　折り目を活かすことでコマが回る仕組みを知り，丁寧に切ったり，折ったりしている。
思・判・表　折りの角度や吹き方の違いによって，回り方が異なることに気づき，試行錯誤を楽しんでいる。
態　度　紙の折りを活かして回るおもちゃの仕組みに興味をもち，活動に主体的に取り組んでいる。

06 動くシリーズ 吹きゴマ

ねん　くみ
なまえ

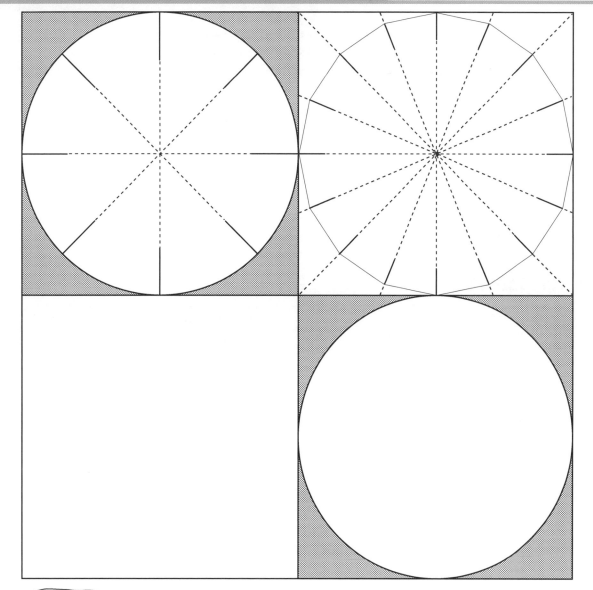

つくりかた

あそびかた

折り目をつけてひろげ、真上から息をふくとクルクルまわりだすよ。

― のところを切る　　同じ方向に折る

動くシリーズ

07
クルクルストロー

対象：3年生〜　時間：30分

ストローでクルクル回るプロペラおもちゃをつくろう

 準備物　教師：ワークシート，ストロー（直径6mmを1本，4mm又は4.5mmを2本），セロハンテープ
児童：はさみ

ねらい

ストローを4つに裂き，回るしかけをつくることで，クルクル回るおもちゃが完成する。本ワークでは，材料に成形を加えることで，回る機能が生まれるデザインの面白さを知るとともに，それを使った遊びを考えることをねらいとしている。

活動の流れ

❶　活動のめあてをつかむ
　教師があらかじめつくっておいたクルクルストローを見ることで，制作への意欲をもつ。
❷　ワークシートに沿ってクルクルプロペラの部品をつくる
　プロペラの部分は出来るだけ同じ幅に裂き，同じ向きに折る。
❸　クルクルプロペラを組み立てる
❹　回して遊ぶ
　遊び方を色々考える。

指導のポイント

○　導入では，教師がクルクルストローを回してみることで，子どもたちの意欲を喚起する。
○　回るしかけは，円筒形にした画用紙を使って，つくって見せるとわかりやすい。
○　下書きをしてから切りたいという子どもがいる場合には，ストローに油性ペンで線を描くようにする。
○　遊び方の工夫として，ストローを足して高さを競い合うことや，吹き口部分にストロー笛（p.40参照）をつくり，音が鳴りながら回るものをつくることなどの遊びが考えられる。

評　価　※題材として取り組む場合には，次のポイントを評価規準に盛り込みたい

知・技　折りを加えて動くおもちゃの仕組みを知り，正確に折っている。
思・判・表　回るストローのしかけを工夫しながらつくり，その動きの違いに気づいている。
態　度　折りを加えて動くおもちゃについて興味をもち，試行錯誤しながら遊ぶことを楽しんでいる。

07 動くシリーズ クルクルストロー

ねん	くみ
なまえ	

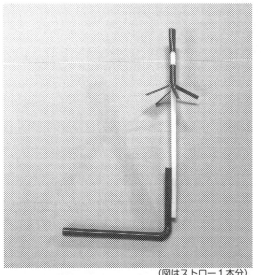

(図はストロー1本分)

ストローから強く息をふくと、プロペラがくるくるまわりだすよ！

ストローの先にストロー笛をつくってもおもしろい！(40ページ)

つくりかた

① まがるストローを図のようなパーツに切る。

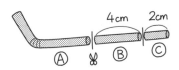

② 約4cmに切ったパーツ（Ⓑ）を上1cmをのこしてできるだけ正確に4つにさき，おなじ方向に折る。

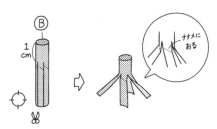

③ 短いストローの片方の一か所にはさみで切れ目をいれ，ストローをつなぐ。

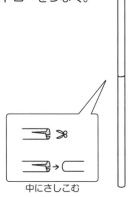

④ つないだストローをⒶのストローとならべてセロハンテープでとめる。

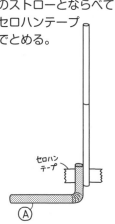

⑤ ②のパーツ（Ⓑ）をほそいストローにさしこみ，図のようにセットする。

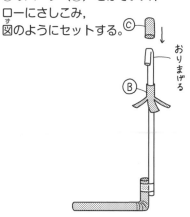

動くシリーズ

08 のぼる○○

対象：3年生〜　時間：45分

輪ゴムを使ってのぼったり，横に動いたりするおもちゃをつくろう

準備物
教師：ワークシート，約10㎝×10㎝の画用紙，細いストロー1/4本，タコ糸約3m，輪ゴム2本，セロハンテープ
児童：はさみ，サインペン

ねらい

身近な素材である輪ゴムは，その性質から，図画工作や理科などで取り上げられる。本題材では，輪ゴムの伸び縮みする性質を活かしてのぼるおもちゃをつくり，動く仕組みと動いて楽しいものについて考えることを目的とする。

活動の流れ

❶ 活動のめあてをつかむ
　教師の見せる動くおもちゃを見ながら，動くおもちゃのしかけに興味をもつ。
❷ こんなものが動くと面白いと思うものを考えて画用紙に絵を描く
　できるだけ角のない丸い形のものを描く。
❸ 絵を切り取り，ストローでしかけをつくる
　ストローを八の字にとめる。
❹ タコ糸を通し，しかけをつくる
　結び目が外れないようしっかりとめる。
❺ 鑑賞する
　出来上がった動くおもちゃを友人と動かして見せ合い，動く面白さを鑑賞し合う。

指導のポイント

○ 導入では，教師が動かしてみせることで子どもたちの意欲を喚起する。
○ 描く際には，動いたら面白いものを考える。できるだけ角のない形が糸に引っかからず望ましい。
○ ストローの長さは3㎝，八の字の幅は上2㎝，下4㎝くらいにする。
○ 見せ合う時間には，動きの面白さや友だちの作品の工夫した点に着目する。

評　価　※題材として取り組む場合には，次のポイントを評価規準に盛り込みたい

|知・技| 動く仕組みを理解し，動かすことができるしかけを工夫してつくっている。
|思・判・表| 動くと面白いものを考えることができている。
|態　度| 動くものをつくる活動を楽しみ，意欲的に取り組んでいる。

08 動くシリーズ **のぼる◯◯**

ねん	くみ
なまえ	

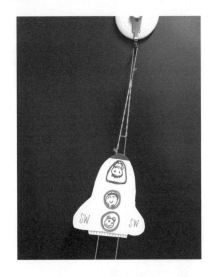

つくりかた

① 紙にすきな絵をかく。

② 3cmに切ったストローをハの字型にテープではる。

③ 図のようにタコ糸をとおし、わゴムをセットする。

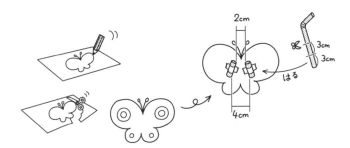
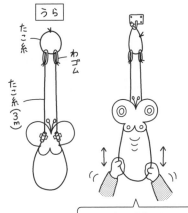

タコ糸を交互に引くと絵がうごくよ!

動くシリーズ

09 紙まきゴマ

対象：3年生〜　時間：30分

1枚の紙帯から、コマをつくろう

準備物
教師：ワークシート，つまようじ，セロハンテープ，スティックのり（必要に応じて）
児童：はさみ

✎ ねらい

紙帯をつまようじに巻きつけるだけで，紙まきゴマが完成。本ワークでは，はさみを適切に使って紙帯を切り取ること，紙をしっかりと巻きつけることなどを経験しながら，コマが回る仕組みに興味をもつことをねらいとしている。

✎ 活動の流れ

❶ 活動のめあてをつかむ
　教師が紙まきゴマを回す様子を見て，制作に意欲をもつ。
❷ ワークシートをはさみで切り，つまようじに貼りつける
　紙帯を丁寧に切る。つまようじの頭から約5mmの部分に，紙帯1枚をセロハンテープではる。
❸ つまようじにしっかりと紙帯を巻きつける
　ゆるみがないように，紙帯をきつく巻く。つまようじの先をはさみで切る。
❹ こまを回して遊ぶ
　回る長さを競うなど，遊び方を工夫する。

✎ 指導のポイント

○ 導入では，教師が紙まきゴマを回してみせることで子どもたちの意欲を喚起する。
○ 紙帯を最初に貼る位置がよく回るコマをつくるポイントであるため，つまようじの頭から約5mmとなるように留意する。
○ 紙帯をつまようじにしっかりと巻きつけていく。ゆるみが出る場合には，必要に応じてスティックのりで貼りながら巻いていく。紙帯をつなぐ場合は，セロハンテープを用いる。
○ 紙帯を巻き終えたら，つまようじの先をはさみで切る。その際，一度に切り落とすのではなく，周囲にはさみで切り溝をつけてから，折るようにする。
○ コマの周囲などに油性ペンで模様をつけることも考えられる。

✎ 評　価　※題材として取り組む場合には，次のポイントを評価規準に盛り込みたい

知・技 コマが回る仕組みに興味をもち，指の使い方を工夫しながら回している。
思・判・表 コマの回し方や色の工夫や遊び方を考えている。
態　度 回るおもちゃに興味をもち，つくったり，遊んだりすることに主体的に取り組んでいる。

09 動くシリーズ
紙まきゴマ

紙の帯をつくり、
セロハンテープで
つまようじに
紙の帯をつけきつく
まきつけていく。

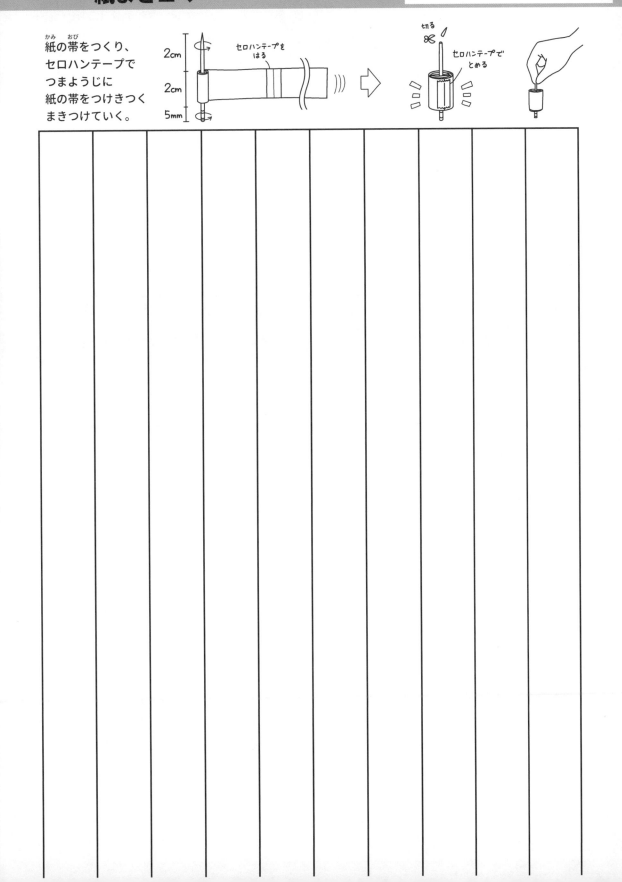

動くシリーズ

10
ジャンピング○○

対象：3年生〜　時間：30分

紙コップと輪ゴムを組み合わせて，飛ぶおもちゃをつくろう

準備物　教師：ワークシート，紙コップ2個（1人），輪ゴム，セロハンテープ
児童：はさみ，サインペンなど

✏️ ねらい

本題材は，輪ゴムのバネを利用した飛ぶおもちゃである。輪ゴムのバネの仕組みを理解するとともに，紙コップを利用した造形を考えることがねらいである。

✏️ 活動の流れ

❶ 活動のめあてをつかむ 　教師が紙コップを飛ばしてみせることで，そのしかけに興味や関心をもたせ，活動に対するイメージをつくる。 ❷ 紙コップで飛ぶしかけをつくって飛ばすことで，飛んだら面白い，楽しいと思うものをイメージする	いろいろなはさみの切り方を試しながら順に切る。 基本的な部分を切ったら，切った部分にはさみを入れて形を変えてもよい。 ❸ 飛んだら楽しいと思うものをつくる ❹ つくったものを友だち同士，飛ばして見せ合う

✏️ 指導のポイント

○ 導入では，教師が紙コップを飛ばしてみせることで，子どもたちの意欲を喚起する。
○ 紙コップに切れ目を入れるときは，できるだけコップの対角線上になるようにする。
○ 輪ゴムは，16番の大きさを用いて，中央にかた結びをつくる。紙コップに輪ゴムを取りつける際には，結び目がコップの中央にくるようにする。
○ 紙コップをはさみで切るときは，紙をもつ手がはさみの延長上にないように注意させる。
○ 紙コップを飛ばすときは，両手でコップのフチを押さえ，ぱっと手を離すとよいことに気づけるようにする。

✏️ 評　価　※題材として取り組む場合には，次のポイントを評価規準に盛り込みたい

知・技　基本的な輪ゴムの使い方（張り方など）に気づき，しかけをつくることができている。
思・判・表　飛んだら面白いと思うものを考え，紙コップを使ってそれを表現している。
態　度　紙コップを利用した飛ぶおもちゃづくりの活動に意欲的に取り組んでいる。

10 ジャンピング◯◯

動くシリーズ

ねん	くみ
なまえ	

つくりかた 何をとばすとたのしいか 考えてみよう！

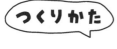
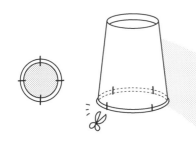

セロハンテープ

かさねる

あそびかた

両手で別の紙コップにかさねて、パッと手をはなそう！

紙コップ人形の発展

手をつけてみたり、いろいろ考えてみよう！

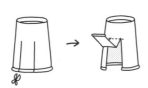

動くシリーズ

11
ミニクランクおもちゃ

対象：5年生〜　時間：45分

クランクを活かして動くおもちゃをつくろう

準備物
教師：ワークシート，紙コップ，アルミ針金2mm径（約10cm），色紙，ホチキス，ペンチ又はラジオペンチ（あれば），つまようじ，ストロー（必要に応じて）
児童：はさみ，サインペン

✎ ねらい

クランクの動きを活かして動くおもちゃをつくる。

✎ 活動の流れ

❶ **活動のめあてをつかむ**
　教師が紹介するクランクの動きを見て，クランクの仕組みを考える。

❷ **クランクのしかけをつくり，動かしてみる**
　針金を曲げてクランクをつくり，紙コップにはめ込み，クランク部分に色紙をとめ，動かしてみる。色紙は，針金が動くようにゆるめにとめる。

❸ **クランクの動きを様々なものに見立て，全体像を考える**
　色紙や紙コップ，サインペン，はさみ，カッターナイフなどで成形する。

❹ **できたクランクおもちゃを友だちと見せ合う**
　クランクをお互い回してみて動かし，作品を鑑賞し合う。

✎ 指導のポイント

○　導入では，教師が動かしてみせることで子どもたちの意欲を喚起する。
○　クランクおもちゃのしかけを子どもたちに見せる際には，クランクをゆっくり動かしながら，クランクの動きが十分に見えるようにする。
○　クランクにとりつける色紙がやわらかい場合は色紙を2枚重ねにして強度をもたせるようにする。
○　作品を見せ合う時間には，動きや発想の面白さに着目する。

✎ 評　価　※題材として取り組む場合には，次のポイントを評価規準に盛り込みたい。

知・技　クランクの仕組みを知り，いろいろな動きや様々な動かし方ができることに気づいている。
思・判・表　クランクの動きを様々なものに見立てて，つくりたいものを思いついている。
態　度　クランクの動きを活かしたおもちゃをつくる活動に主体的に取り組んでいる。

11 動くシリーズ ミニクランクおもちゃ

ねん　くみ
なまえ

あそびかた

クランクを回すと、おバケの舌が出たり入ったりするよ。

つくりかた

① 紙コップの横につまようじで穴をあけ、穴のところまではさみで切る。

② はさみで色紙の動くすきまをつくる。

③ アルミのハリガネを図のように折りまげる。左はしは、小さくL字に折ってもよい。

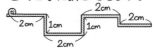

アルミのはりがねはなるべく直角にまげよう！

④ 色紙が自由に動くように、ハリガネにゆるいめにとめる。

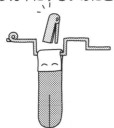

⑤ 動くしかけを、コップにセットする。

⑥ コップのうらがわから、セロハンテープでとめ、好きな絵をかく。うらからはる

クランクの動きをつかって、いろいろな動くおもちゃを考えてみよう！

動くシリーズ

12 パタパタ人形

対象：3年生〜　時間：45分

紙コップとストローを組み合わせて動く人形をつくろう

準備物
教師：ワークシート，紙コップ2個，ストロー（曲がるしかけのあるもの）2本，セロハンテープ，つまようじ
児童：はさみ，鉛筆，サインペン

ねらい

紙コップとストローは，図画工作科において多用される身近な材料の1つである。本題材は，それらの2種の材料を組み合わせて，動くおもちゃをつくることをねらいとする。見立てを変えることでいろいろなおもちゃに発展させることができる。

活動の流れ

❶ 活動のめあてをつかむ
　教師が，紙コップ1つだけの動きとその上からもう1つの紙コップを組み合わせたバージョンを見せる。動くしかけの原型を見て，動くおもちゃをつくることに関心をもつ。
❷ ワークシートをもとに動かしたいものの原型をつくる
　紙コップがどんな風に動けば面白いかを考えながら成形する。
❸ となりの友だちと見せ合う
　似ているようでも，友だちと違っているところをみつけて，いろいろな表現があることに気づく。
❹ 新しい紙コップを組み合わせてしかけをつくり，着彩する
❺ でき上がった動く人形を友だちと見せ合う

指導のポイント

○ ストローの動きが，ゾウや犬の耳などいろいろなものにも見立てられることに気づかせる。
○ 可動部分が自由に動くように，根元部分を2cm程度の幅にする。
○ ストローを通す穴をつくる際には，まず，つまようじで穴を開け，そこに鉛筆を回しながら刺して大きくしていく。
○ この題材では，紙コップの可動部分をはさみで成形した後，可動部分の真下に穴（ストローを通す穴）を開けること。
○ ストローは，外側から穴に差し込み，ストロー2本をとめた後，Tの字に曲げ，ストローと紙コップの可動部分をそれぞれセロハンテープでとめるよう伝える。

評価　※題材として取り組む場合には，次のポイントを評価規準に盛り込みたい

知・技　動く仕組みを理解し，その動きにいろいろな見立てができることに気づいている。
思・判・表　ストローの動きから，動くおもちゃを考えつき，自他の表現の違いをみつけている。
態度　ストローと紙コップを組み合わせて，動くものをつくる活動に主体的に取り組んでいる。

12 動くシリーズ パタパタ人形（にんぎょう）

ねん	くみ
なまえ	

🗨️ つくりかた

① 紙コップを切って，動くところをつくる。

② くちばしと尾をはさみで切ってつくる。

③ ②を新しい紙コップにはめて，動かそうとするところの根元に穴をあける。

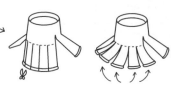

④ T字にした2本のストローを
セロハンテープでとめ，コップの外にだし，
動く部分とストローをテープでとめる。

⑤ 人形をもって，
ストローを上下に動かすと
はねがパタパタ動く。

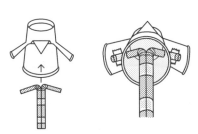

いろいろなアイデアで
パタパタ人形を
つくってみよう！

動くシリーズ

13 水中エレベーター

対象：3年生〜　時間：30分

水の中を沈んだり浮いたりする科学おもちゃをつくろう

準備物
教師：ワークシート，まがるストロー（直径6㎜），ゼムクリップ約4個，ペットボトル（円筒形），セロハンテープ，紙コップ
児童：はさみ

ねらい

水中エレベーターは，水の中で物が浮いたり，沈んだりするおもちゃ。本ワークでは，浮力の不思議さに着目しながら，ストローが浮いたり，沈んだりするように動きを調整すること，見立ての広がりについて学ぶ。

活動の流れ

❶ 活動のめあてをつかむ
　教師が水中エレベーターを動かす様子を見て，制作に意欲をもつ。
❷ まがるストローを二つ折りにして切り，セロハンテープ，クリップをつける
　セロハンテープが剥がれないように，しっかり巻いた後，クリップを4個つける。
❸ 水を入れた紙コップに❷のパーツを入れて，浮き方を調整する
　ストローの中に水が入らないように，浮かせる。ストローの頭が水面から約5㎜出るように，ストローの長さやクリップの数を調整する。
❹ 水を入れたペットボトルにパーツを入れて動きを鑑賞し合ったり，見立てたりする

指導のポイント

○ 導入では，教師が水中エレベーターを動かしてみせることで子どもたちの意欲を喚起する。
○ ワークシート③のように，紙コップに水を入れてストローを浮かせる。ストローが水面から5㎜以上出ている場合は，クリップを一度はずし，ストローを少し切る。5㎜より沈んでいる場合は，クリップの数を減らして調整する。
○ ペットボトルは，炭酸飲料に使用されている円筒形の物を使用する。ペットボトルにパーツを入れる際にも，ストローの中に水が入らないように留意することがポイント。
○ 動きを楽しんだり，見せ合ったりしながら，動く仕組みに注目したり，動きを見立てたりして新たな遊び方を考えられるようにする。

評価　※題材として取り組む場合には，次のポイントを評価規準に盛り込みたい

知・技 物が浮いたり，沈んだりする仕組みに興味をもっている。
思・判・表 水の中でのストローの動きを試行錯誤し，自分なりの遊び方をみつけている。
態度 浮力を活かしたおもちゃに興味をもち，活動に主体的に取り組んでいる。

13 動くシリーズ 水中エレベーター

ねん　くみ
なまえ

つくりかた

① まがるストローを2つに折りまげ，切る。
（③で頭が出すぎのときはストローを少しみじかく切る）

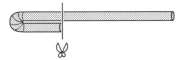

② セロハンテープでとめ，クリップをつける。

③ 水を入れた紙コップにストローをいれ，頭が水面から約5mm出るようにストローの長さやクリップの数を調節する。

 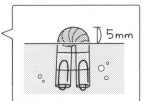

④ 水をすりきりいっぱい入れたペットボトル（円筒形）に水中エレベーター本体を入れ，フタをしっかりしめる。

あそびかた

片手または両手でペットボトルの側面をおすと水中エレベーターがさがり，はなすと上にあがる。
いろいろなあそび方を考えてみよう！

音の鳴るものシリーズ

14
ビービー笛，プープー笛

対象：全学年　時間：15分

1枚の紙から音の鳴るおもちゃをつくろう

準備物　教師：ワークシート，ストロー，セロハンテープ
児童：はさみ

✏ ねらい

紙を折ったり，巻いたりすることで，音の鳴るおもちゃが完成する。本ワークでは，1枚のワークシートから形を切り取り，2種類のおもちゃをつくることを通じて，音が鳴る仕組みに興味をもち，鳴らし方を工夫しながら遊ぶことをねらいとしている。

✏ 活動の流れ

❶ 活動のめあてをつかむ
　教師が音の鳴るおもちゃをつくって鳴らしてみせることで，制作への意欲をもつ。
❷ ワークシートを切り取り，ビービー笛をつくる
　手順に沿って紙を折る。紙が震えて鳴る仕組みに気づき，鳴らし方を工夫する。
❸ 切り抜いた紙を使って，プープー笛をつくる
　ストローにしっかりと巻きつけて，少量のセロハンテープでとめる。口にくわえる側を楕円形になる程度に軽くつぶす。
❹ 音を鑑賞し合い，鳴らし方を工夫して楽しむ

✏ 指導のポイント

○　導入では，教師が目の前で笛をつくって鳴らすことで，子どもたちの意欲を喚起する。
○　ビービー笛は，紙が震えることで音が鳴る。音が鳴らない子どもがいる場合には，紙のすきまを変えたり，唇を尖らせて，紙の間に息を強く吹くことを伝える。
○　プープー笛は，巻きつけた紙がリードとなって，震えることで音が鳴る。紙の端をとめる際には，少量のセロハンテープを用いるようにする。
○　中央部分まで口に入れ，優しくくわえて強く吹く。長時間吹くと，紙がふやけるため，音が鳴りにくくなるので新しいものに変える。
○　笛を鳴らして見せ合う時間には，吹き方による音の違いや鳴らし方の工夫に着目する。
○　材料はワークシート以外に色紙を1/4に切って使用してもよく鳴る。

✏ 評　価　※題材として取り組む場合には，次のポイントを評価規準に盛り込みたい

知・技	音が鳴る仕組みに興味をもち，吹き方によって音の鳴り方が異なることに気づいている。
思・判・表	よく鳴る方法を試行錯誤し，自他の音の違いに気づき，鳴らし方の工夫を考えている。
態　度	音の鳴るおもちゃの仕組みや音色の違いに興味をもち，活動に主体的に取り組んでいる。

14 音の鳴るものシリーズ
ビービー笛，プープー笛

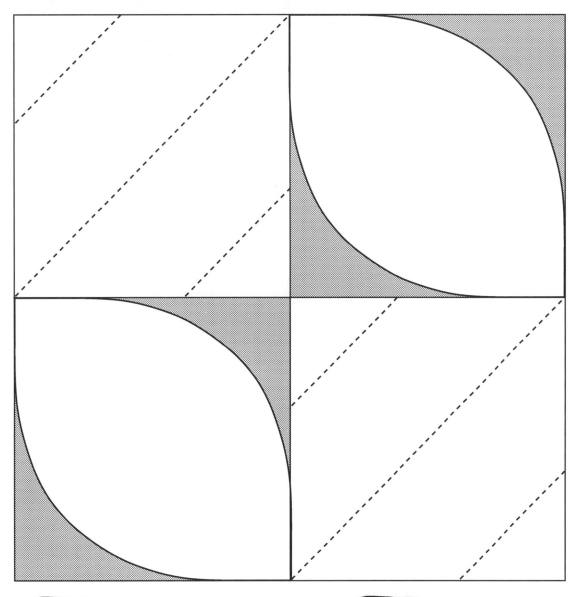

つくりかた　　　　　　　　　　　あそびかた

ビービー笛　紙を口にあて、すきまをあけて強く息を吹く

プープー笛　リードのある方をまん中まで口にくわえ、息を吹く

   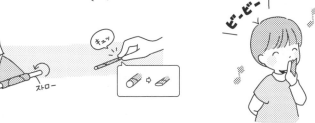

音の鳴るものシリーズ

15
紙てっぽう

対象：全学年　時間：15分

広告紙（B4〜A3サイズ大）を使って，音の鳴るおもちゃをつくろう

準備物
教師：ワークシート，広告紙（B4〜A3サイズ大，コピー用紙も可）
児童：なし

ねらい

広告紙に折りを加えることで伝承的な音の鳴るおもちゃができることを知る。音を鳴らす面白さや大きな音を鳴らすことのできる工夫を友だちと考えながら，活動する楽しさを味わうことをねらいとする。

活動の流れ

❶ 活動のめあてをつかむ
　教師が紙てっぽうを鳴らして，制作に対する関心をもたせる。
❷ 紙を折る
　ワークシートにそって紙を折る。

❸ 鳴らせて音を競ったり遊び方を考えよう
　できた紙てっぽうをお互いに鳴らしながら，どうすれば大きな音が鳴るかを考える。うまく鳴ったらみんなで遊び方を考えてみよう。

指導のポイント

○ 導入では，教師が紙てっぽうを鳴らしてみせることで子どもたちの意欲を喚起する。
○ 使用する広告紙は，堅め目の紙がよい。
○ 折り目をつけるときは，爪で押さえ（爪アイロン），しっかり折り目をつける。
○ 鉄砲を振り下ろしても中の紙が広がらない場合は，鉄砲の中で紙が噛んでいることがあるため，紙の折りをずらすとよい。
○ 大きな音を鳴らすには，振り下ろす最後に手首を使って振り下ろすのがコツ。

評価

※題材として取り組む場合には，次のポイントを評価規準に盛り込みたい

知・技 基本的な折り方を知り，適切に折ることができている。
思・判・表 大きな音が鳴る友だちの方法を見るなどして，鳴らし方の工夫を考えている。
態度 音の鳴るおもちゃをつくる活動に主体的に取り組んでいる。

15 紙てっぽう

音の鳴るものシリーズ

ねん　くみ
なまえ

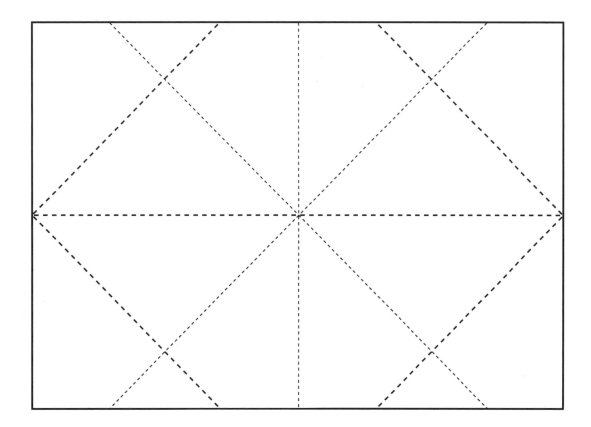

つくりかた

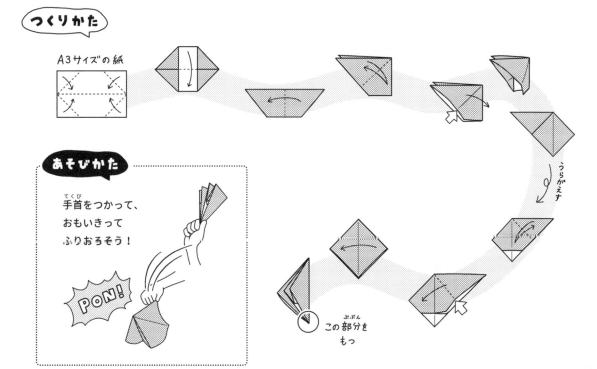

あそびかた

手首をつかって、おもいきってふりおろそう！

PON!

音の鳴るものシリーズ

16
ストロー笛

対象：全学年　時間：15分

1本のストローから音の鳴るおもちゃをつくろう

準備物　教師：ワークシート，ストロー（直径6mm），セロハンテープ
児童：はさみ，サインペン

✏️ ねらい

　身近な素材であるストローを切ったり，紙に巻いたりすることで，音のなるおもちゃができる。本ワークでは，ストローに成形を加えて笛をつくることで，リードが震えて音が鳴る仕組みに興味をもち，鳴らし方などを工夫して遊ぶことをねらいとしている。

✏️ 活動の流れ

❶ 活動のめあてをつかむ
　教師が音の鳴るおもちゃをつくって鳴らす姿を見て，制作への意欲をもつ。
❷ ストローの先約3cmをしっかりとつぶし，はさみで切ってリードをつくる
　爪を使って平らになるようにつぶす。リードの長さが2cmになるようにする。
❸ リード部分を口にくわえて，音を鳴らす
　リードを口にくわえる位置をかえながら，音が鳴るように調整する。
❹ いろいろな鳴らし方や音の高さの違いを楽しむ
❺ ワークシートを切り取り，ストローに巻き付けてラッパの形にする

✏️ 指導のポイント

○　導入では，教師が目の前で笛をつくって鳴らすことで，子どもたちの意欲を喚起する。
○　ストロー笛は，リードが震えることで音が鳴る。音が鳴らない子どもがいる場合には，リードの長さは約2cmあるか（短い場合が多い），リードが反り返っていないかなどを確認する。成形に問題がない場合には，ストローをくわえる場所を変え，音が鳴る位置を探すように伝える。
○　笛を鳴らし合う時間には，ストローの長さによって音の高さが変わることや，様々な吹き方ができることに気づけるようにする。例えば，ストローの先を指で押さえる，両手で覆うようにし，開いたり閉じたりするなどが挙げられる。動物の鳴き声に見立てても面白い。
○　ワークシートを使ってラッパをつくり，好きな色や模様をつける活動に発展する。

✏️ 評　価　※題材として取り組む場合には，次のポイントを評価規準に盛り込みたい

|知・技| 音が鳴る仕組みに興味をもち，リードを正確につくっている。
|思・判・表| よく鳴る方法を試行錯誤し，自他の音の違いに気づいている。いろいろな鳴らし方の工夫を考えている。
|態　度| 音の鳴るおもちゃの仕組みや音色の違いに興味をもち，活動に主体的に取り組んでいる。

16 音の鳴るものシリーズ ストロー笛

つくりかた

① ストローの先約3cmを平らにつぶす。

ラッパ風ストロー笛

 ⇨ セロハンテープ

ワークシートをきりとり、いろいろな模様をつけてストロー笛にまきつけよう！

② ストローをななめに切ってリードをつくる。

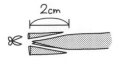

ストローの長さによって音がかわるよ！

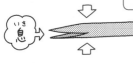

リードを口の中にいれ、矢印のところをくちびるでかるくおさえ、息を強くふく。

音の鳴るものシリーズ

17
紙コップ de 音楽会

対象：全学年　　時間：15分

紙コップ，輪ゴムなど身近な材料で音の鳴るおもちゃをつくろう

準備物　教師：ワークシート，紙コップ，輪ゴム，タコ糸，ストロー，セロハンテープなど
　　　　　児童：はさみ，サインペン

✎ ねらい

紙コップを主材料として，それに輪ゴム，ストロー，タコ糸などの材料を組み合わせることで様々な音の出るおもちゃをつくり，工夫しながら音を鳴らして楽しむことをねらいとしている。

✎ 活動の流れ

❶ 活動のめあてをつかむ
　教師が紹介する音の鳴るおもちゃ（ミミンバ）を鳴らしてみて，紙コップを用いたいろいろな音の鳴るおもちゃに関心をもつ。
❷ 音の鳴るおもちゃの原型をつくる
❸ 輪ゴムの張り方を変えて，気に入った音を探す
❹ 気に入った音から想像した絵や模様を描く
❺ でき上がったミミンバを友だちと見せ合い，音の違いを楽しむ

✎ 指導のポイント

●ミミンバ
○　輪ゴムは16番が望ましい。
○　紙コップの底に切れ目を入れるときは，途中までにして，輪ゴムが浮くようにする。
○　輪ゴムの張り方を変えたり，本数を増やすことで，気に入った音色をみつける。音色からイメージした色や形を，絵や模様などにする。

✎ 評　価　※題材として取り組む場合には，次のポイントを評価規準に盛り込みたい

|知・技| 輪ゴムの張り方によっていろいろな音色が出ることに気づいている。輪ゴムの音がよく出るように紙コップの形状を工夫している。
|思・判・表| 音から模様をイメージし，それを表現している。自他の表現の違いをみつけている。
|態　度| 音の鳴るおもちゃの仕組みや音色の違いに興味をもち，活動に主体的に取り組んでいる。

17 音の鳴るものシリーズ 紙コップ de 音楽会

ゲコゲコカエル

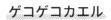

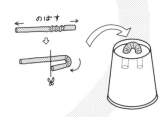

ストローのギザギザをつめでこする。

ミミンバ

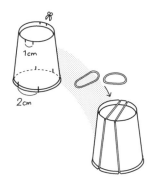

耳にあてて、わごむをはじく。

音からそうぞうしたいろいろな絵やもようをかこう！

ガーガーアヒル

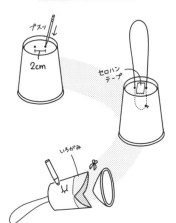

ぬらしたハンカチやティッシュではさんでひっぱる。

飛ぶシリーズ

18
ストローロケット

対象：全学年　時間：15分

ストローを使ったロケットを飛ばそう

準備物
教師：ワークシート，ストロー（直径6mm 1本，4又は4.5mm 1本），画用紙
児童：はさみ，サインペン

✏️ ねらい

子どもたちは，飛ぶおもちゃが大好きである。本題材では，直径の異なるストローを組み合わせて，空気の圧縮で飛ぶおもちゃをつくることを目的としている。

飛ぶおもちゃは安全面も考え，ロケットの的とセットでつくる。

✏️ 活動の流れ

❶ 活動のめあてをつかむ
　教師が紹介するストローロケットを見て，関心をもつ。
❷ 直径の異なるストローを組み合わせて吹き矢をつくる
　ロケットの飛ぶ原理を考える。

❸ 天井に向けて飛ばしながら，どんな的をつくるか考える
　当たれば倒れる的になるように，しかけを考える。
❹ 楽しく遊べるルールを考える

✏️ 指導のポイント

○ 導入では，教師が飛ばしてみせることで子どもたちの意欲を喚起する。
○ 太いストローと細いストローの直径差が1.5mm〜2mmになるように準備する。
○ 絶対に人に向けて吹かないように伝え，的に向けて吹くルールを共有する。
　的は，当たれば倒れる物となるよう工夫する。
○ 的が倒れたときに，底の部分に数字を書くことで，数に対する興味・関心を引き出す。

✏️ 評　価　※必ずしも評価は必要ないが，題材として取り組む場合には，次のポイントを評価規準に盛り込みたい

知・技 ストローが飛ぶ仕組みに気づき，的や矢の形や色を工夫している。
思・判・表 飛ばし方の工夫や新しい遊び方を思いついている。
態　度 吹き矢を使った活動に意欲的に取り組んでいる。

18 飛ぶシリーズ ストロロケット

ねん　くみ
なまえ

ストロロケット

ストロロケットの吹き口にストロ笛をつくると、音を出しながらとびだすよ。

① まがるストロの長い方を切る。

② みじかいストロの先をおりまげて、①のストロをかぶせる。

③ ロケットを発射台にセットして、息をふく。

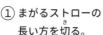
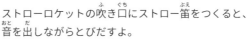
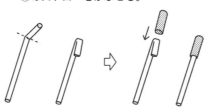
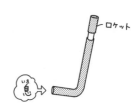

あんぜん吹き矢

★めんぼうを矢にして吹き矢をつくるときはこのようにつくろう！

① ② のばす　のばす ③

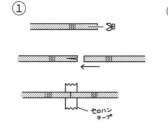
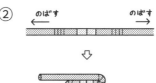
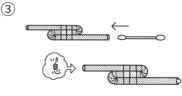

まとをつくろう

まとは、当たるとこけるまとをつくろう。
うらに数字をかいて、点数をきそってもおもしろい！

飛ぶシリーズ

19 スイスイこいのぼり

対象：全学年　時間：15分

スイスイ泳ぐように飛ぶ「スイスイこいのぼり」をつくろう

準備物
教師：ワークシート，セロハンテープ，油性ペン
児童：はさみ

✏ ねらい

　紙を折る活動を通して，楽しく遊べる折り紙の活動を経験するとともに，手先の器用さを習熟すること，折ることで表現の幅を広げることをねらいとしている。

✏ 活動の流れ

❶ 活動のめあてをつかむ
　教師がスイスイこいのぼりを紹介することで，紙を折ってつくる飛ぶおもちゃに関心をもつ。

❷ ワークシートに沿いながら折り，成形する
　折りを正確に折り，折り目をきっちり折る。

❸ 調整する
　真正面から見たときに，きれいな円形になるように整える。

❹ 飛ばして遊ぶ
　どうしたら，上手く飛ぶか飛ばし方をいろいろ工夫しながら飛ばす。

✏ 指導のポイント

○ 導入では，教師が絵の描いていないスイスイこいのぼりを飛ばしてみせることで子どもたちの意欲を喚起する。
○ 紙の折り目部分については，爪などを使ってしっかり折る（爪アイロン）ことを伝える。

○ 紙を輪にするときは，爪を使ってしごきながらできるだけきれいな円形になるようにする。
○ 飛ばす際には，手首を使い斜め上に向かってボールを投げるように飛ばす。
○ 持ち方や飛ばし方については，1つの例であるため，いろいろ工夫するように伝える。
○ 模様や絵を描くときには，油性ペンを使う。

✏ 評　価　※題材として取り組む場合には，次のポイントを評価規準に盛り込みたい

知・技 基本的な折り方を理解し，飛ばし方の工夫に気づいている。
思・判・表 飛ばし方や形の整え方を試行錯誤している。自分なりの遊び方をみつけている。
態　度 紙を折り，ものをつくる活動に主体的に取り組んでいる。

19 スイスイこいのぼり

飛ぶシリーズ

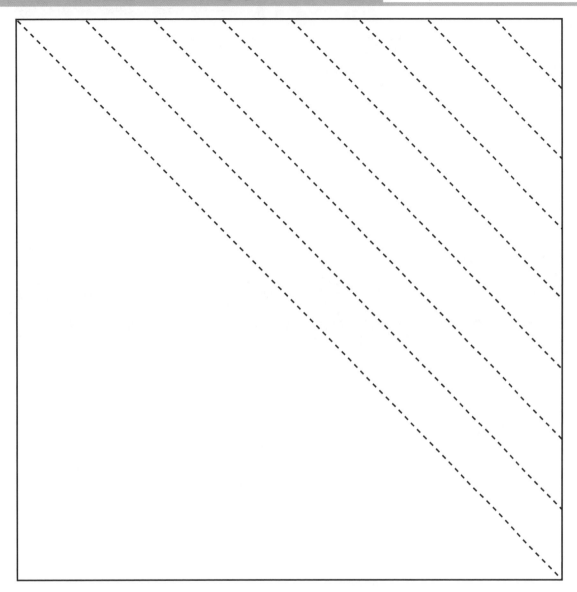

つくりかた

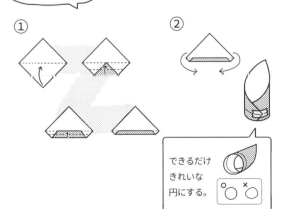

あそびかた

右の図のように4本の指で持ち、ななめ上に向かって投げるようにとばす。

ななめうえにむかって… それっ！

飛ぶシリーズ

20
フライングゴースト

対象：3年生〜　　時間：15分

紙を折ってふわふわ飛ぶお化けをつくろう

準備物
教師：ワークシート
児童：はさみ，サインペン

✏️ ねらい

紙を折る活動を通して，楽しく遊べる折り紙の活動を経験する。また，紙を折ることで手先の器用さを習熟させるとともに，表現の幅を広げることをねらいとしている。

✏️ 活動の流れ

❶　活動のめあてをつかむ
　教師がフライングゴーストを紹介することで，紙を折ってつくる飛ぶおもちゃに関心をもつ。
❷　ワークシートを使って，フライングゴーストの原型を折る
　折れたら，はさみで成形する。
❸　ゴーストの顔などを描き，となりの友だちと見せ合う
　友だちの表現と異なっているところをみつけ，いろいろな顔の描き方があることに気づく。
❹　折りの調整を行い，飛ばして遊ぶ
　どうやったら上手く飛ぶかを考え，飛ばし方を工夫する。

✏️ 指導のポイント

○　導入では，教師がフライングゴーストを見せることで子どもたちの意欲を喚起する。
○　紙を折るときには，できるだけ丁寧に，折り目の部分は，爪などを使ってしっかり折る（爪アイロン）ことを伝える。
○　折った紙に顔を描くときは，サインペンを使う。
○　飛ばし方についての例を示してはいるが，それ以外の飛ばし方も考えるように伝える。
○　この題材は，評価の対象になりにくいが，着彩したり，遊んだ後にははさみでお化けの形状を変えて糸でつるしたり，壁面に貼ったりなど，飾りへと発展させることもできる。

✏️ 評　価　※題材として取り組む場合には，次のポイントを評価規準に盛り込みたい

知・技　折り方や飛ばし方の工夫や着彩の仕方の違いに気づいている。
思・判・表　飛ばし方を試す中で，新しい飛ばし方や遊び方をみつけている。
態　度　紙を折って飛ばす活動に主体的に取り組んでいる。

20 飛ぶシリーズ　フライングゴースト

ねん	くみ
なまえ	

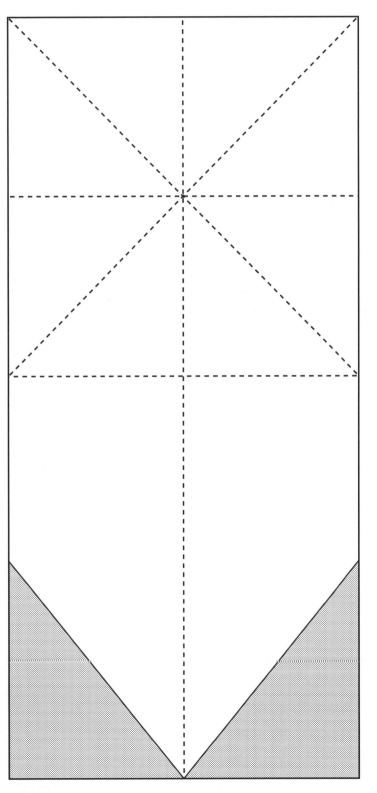

つくりかた

できたらＶ字にしてとばそう！

とばしかた

いろいろなとばしかたを
かんがえてみよう！

①

②

飛ぶシリーズ

21
ヘソヒコーキ

対象：3年生〜　時間：15分

日本の伝統的な折り紙ヒコーキの1つ，ヘソヒコーキをつくって飛ばそう

準備物
教師：ワークシート，A4コピー用紙
児童：なし

✏️ ねらい

紙を折る活動を通して楽しく遊べる折り紙の活動を経験するとともに，手指の巧緻性を高め，折ることで表現の幅を広げることをねらいとしている。

✏️ 活動の流れ

❶ 活動のめあてをつかむ
　教師がヘソヒコーキを紹介することで，紙を折ってつくる飛ぶおもちゃに関心をもつ。
❷ ワークシートの説明を見ながら折る
　正確に，しっかりと折り目をつける。
❸ 調整する
　真正面から見て主翼が左右均等の角度になっているかを見て，調整する。
❹ 飛ばして遊ぶ
　上手く飛ぶ工夫を考え，試行錯誤しながら飛ばす。

✏️ 指導のポイント

○ 導入では，教師がヘソヒコーキを飛ばしてみせることで子どもたちの意欲を喚起する。
○ 紙を折るときには，紙に不必要な折り目がつかないように，紙全体を必ず机の内側に置いて折ることを伝える。
○ 中心線などに沿って折る際には，中心線から1mm程度外側に折るよう伝える。
○ 折り目の部分は，爪などを使ってしっかり折る（爪アイロン）ことを伝える。
○ 折りが完成しても，折りの角度の調整によって飛び方が大きく変わるので，主翼になる部分の角度が左右対称になっているかどうかを確認する。特に紙飛行機は，飛行機が飛んでいる状態で主翼が地面と水平になる必要がある。手でもって調整する際には，主翼が斜め上を向いているよう主翼の角度を調整する（上反角）。
○ 外で飛ばすときに風が吹いていたら，追い風で飛ばすよう留意する。
○ 主翼が開いてきたら，中心部の真ん中に事務用丸シールを貼るとよい。

✏️ 評　価　※題材として取り組む場合には，次のポイントを評価規準に盛り込みたい

知・技 折り方や飛ばし方の工夫に気づいている。
思・判・表 よく飛ぶ方法を試行錯誤したり，新しい遊び方を考えたりしている。
態　度 紙を折って，飛ぶものをつくる活動に主体的に取り組んでいる。

21 飛ぶシリーズ **ヘソヒコーキ**

A4

ねん　くみ　なまえ

日本の伝統的な紙ヒコーキ。教室のはしからはしまで飛ばしてみよう！

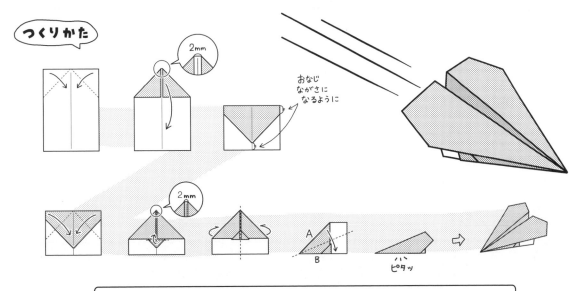

つくりかた

折り目はゆびでおさえた（ゆびアイロン）あと、つめでしっかりおさえよう（つめアイロン）

とばしかた

小さな三角のところをもつ。

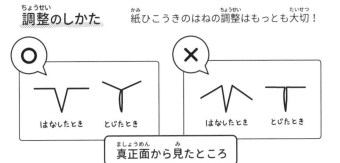

調整のしかた　紙ひこうきのはねの調整はもっとも大切！

真正面から見たところ

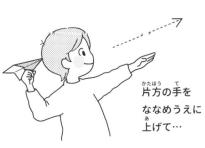

片方の手をななめうえに上げて…

上げた指先めがけておもいきってとばそう！

飛ぶシリーズ

22
パッチンピョーン！

対象：3年生〜　　時間：30分

輪ゴムを使って飛び上がるおもちゃをつくろう

準備物　教師：ワークシート，12cm×10cmの工作用紙，輪ゴム（16番），セロハンテープ
児童：はさみ，サインペン

✏️ ねらい

　輪ゴムは，その性質から，図画工作や理科などでよく取り上げられる身近な素材の一つである。本題材では，輪ゴムの伸び縮みする性質を活かして，勢いよく飛び上がるおもちゃをつくり，動く仕組みと輪ゴムの特性について学ぶことを目的とする。

✏️ 活動の流れ

❶ 活動のめあてをつかむ
　教師のつくった飛ぶおもちゃを見ながら，おもちゃのしかけに興味をもつ。

❷ 5cm×6cmに切った工作用紙の間を約1mm開け，セロハンテープで再びつなぐ

❸ 輪ゴムをひっかけるみぞを4箇所つくり，輪ゴムをかける
　5cmのところに，みぞをつける。

❹ でき上がったおもちゃを友人と飛ばしあいながら，どんな絵を描くか考える

✏️ 指導のポイント

○　導入では，教師が飛ばしてみせることで子どもたちの意欲を喚起する。
○　工作用紙は，長辺（12cm）側に紙の目が通るように紙の強度を考えて切り，工作用紙の強度を確保する。
○　セロハンテープで2枚の工作用紙をつなぐときは，一度につなぐとずれるので，最初に工作用紙とセロハンテープをつなぐ。その後1mmの間を開けて，もう1枚の工作用紙をつなぐ。
○　飛ばすときには，高さや距離を競うなど，いろいろな遊び方を考える。
○　6cm幅の紙筒状に切った紙パックの両端2ヶ所ずつに切れ目を入れて輪ゴムをかけても，同じしかけのおもちゃができる。

✏️ 評　価　※題材として取り組む場合には，次のポイントを評価規準に盛り込みたい

知・技　輪ゴムで飛ぶしかけをつくり，飛ばし方を工夫している。
思・判・表　飛ぶと面白い絵をイメージし，輪ゴムの張り方を変えることで，飛び方を工夫している。
態　度　輪ゴムで飛ぶおもちゃの仕組みに興味をもち，つくる活動に主体的に取り組んでいる。

22 飛ぶシリーズ　パッチンピョーン！

つくりかた

① 工作用紙の短い辺にセロハンテープをつける。

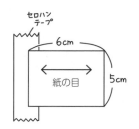

② あいだを少しはなしてもう1枚つける。

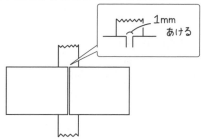

③ 5cmのところにハサミで切れ目をいれる。

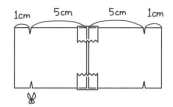

④ 図のようにわごむをかける。

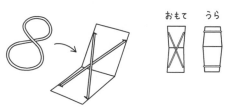

あそびかた

おさえて、パッとゆびをはなそう。

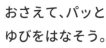
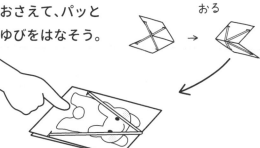

いろいろなあそび方をかんがえてみよう！

飛ぶシリーズ

23
紙トンボ

対象：3年生〜 時間：30分

工作用紙とストローを使って，飛ぶおもちゃをつくろう

準備物
教師：ワークシート，工作用紙（15cm×2cm）1枚，ストロー（4mmまたは4.5mm）1本，油性ペン，セロハンテープ
児童：はさみ

✎ ねらい

本題材は，伝承おもちゃとして人気がある竹とんぼを，身近な素材である工作用紙とストローでつくれるようにしたものである。本ワークでは，紙を折り，回転を加えることで飛ぶおもちゃが完成する面白さを経験することを通して，そのしくみに興味をもち，遊び方の工夫を考えることをねらいとしている。

✎ 活動の流れ

❶ 活動のめあてをつかむ 　教師が紙トンボを飛ばす姿を見て，制作に興味をもつ。 ❷ 工作用紙を二つ折りし，セロハンテープをまく ❸ ストローに切れ目を入れる 　1.5cmの長さに，垂直に切れ目を入れる。	❹ ❷と❸のパーツを組み合わせ，折って羽をつくる ❺ 羽に色をつける ❻ でき上がった紙トンボの飛ばし方を調整をするとともに，いろいろな遊び方を考える

✎ 指導のポイント

○ 導入では，教師が紙トンボを飛ばしてみせることで子どもたちの意欲を喚起する。
○ 飛ぶおもちゃは，羽の角度や全体のバランスが重要である。そのため，紙を折ったり，ストローを切る際には，丁寧で，正確な作業が大切であることを伝える。
○ 工作用紙は長辺側に紙の目が通るように強度を考えて材料を準備する。
○ ③の工作用紙とストローを組み合わせる際には，ストローが工作用紙と一直線になるように留意する。
○ 紙トンボが飛ばず下に落ちる場合，回転の方向が逆であることに留意する。

✎ 評　価　※題材として取り組む場合には，次のポイントを評価規準に盛り込みたい

　知・技　折りを加えて飛ぶおもちゃの仕組みを知り，正確に作業に取り組んでいる。
　思・判・表　飛ぶ仕組みに関心をもち，羽の角度や飛ばし方の工夫を考えている。
　態　度　折りを加えて飛ぶおもちゃづくりに主体的に取り組み，友だちと遊ぶことを楽しんでいる。

23 飛ぶシリーズ 紙トンボ

つくりかた

① 工作用紙を15cm×2cmに切り、2つに折り、根元部分をセロハンテープでまく。

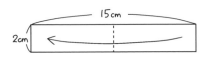 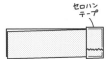

② ストローにハサミで切れ目をいれる。

③ ①のはねを②にさしこみ、セロハンテープでとめる。

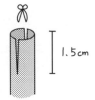

④ はねを図のように左右同じ角度になるように折る。

⑤ はねを持ち上げてできあがり。

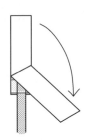 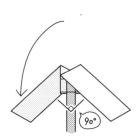 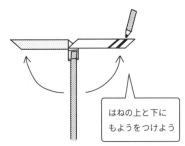

はねの上と下にもようをつけよう

あそびかた

紙トンボを両手のあいだにはさみ、手を左右にこすりあわせるようにして回し、すばやく手をはなす。

飛ぶシリーズ

24
わりばしてっぽう

対象：3年生〜　　時間：30分

わりばしと輪ゴムを使って、「わりばしてっぽう」をつくろう

準備物　教師：ワークシート，わりばし1膳，輪ゴム
児童：はさみ

✏ ねらい

「わりばしてっぽう」は，輪ゴムの特性を生かしながら，つくって遊ぶことができるおもちゃである。本ワークでは，パーツをはさみで切れ目を入れて折る際や，輪ゴムでとめたりする際の道具や材料の使い方について学ぶことをねらいとしている。また，的をつくって遊ぶことを通して，競う楽しさにもつなげていく。

✏ 活動の流れ

❶ 活動のめあてをつかむ
　教師がわりばしを飛ばしている様子を見て，制作への興味をもつ。
❷ わりばしをはさみで切ってパーツをつくり，輪ゴムでとめて組み立てる
　はさみを使ったわりばしの切り方，輪ゴムでしっかりとパーツを固定する方法を理解し，活動に取り組む。
❸ てっぽうの先にはさみで溝をつけて，輪ゴムをかける部分をつくる
❹ 的をつくって遊ぶ
　的は当たればこける的をつくる。

✏ 指導のポイント

○ 導入では，教師がわりばしてっぽうを飛ばしてみせることで子どもたちの意欲を喚起する。
○ 決して人に向けないというルールを共有する。
○ パーツをつくる際には，一度にわりばしを切り落とすのではなく，はさみの奥の部分で溝をつけて折ってつくるようにする。
○ 輪ゴムでパーツをとめる場合には，輪ゴムを引っ張りながら巻きつけることで，しっかりと固定されることが理解できるようにする。
○ 倒れると数字が見える，などの的をつくり，いろいろと工夫する。

✏ 評 価　※題材として取り組む場合には，次のポイントを評価規準に盛り込みたい

知・技　輪ゴムの特性を理解し，パーツを固定させたり，遠くへ飛ばしたりする工夫に気づいている。
思・判・表　わりばしてっぽうを使って楽しめるゲームや的を考えついている。
態　度　輪ゴムで飛ぶおもちゃをつくり，ゲームを考える活動に主体的に取り組んでいる。

24 飛ぶシリーズ わりばしてっぽう

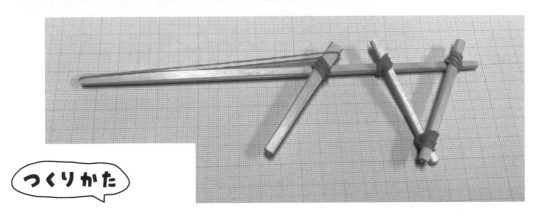

つくりかた

① 刃のおくでわりばしをまわしながら切り目をいれ、指で折る。

② 折ったわりばしを、長いままのわりばしとかさねてわごむでまき、真ん中までずらす。

③ みじかいわりばしを2本ならべてわごむでとめた後、本体にわごむでとめる。

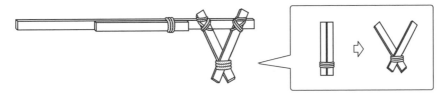

④ 図のようにわごむをかけて、ひきがねをひくとわごむがとびだす。

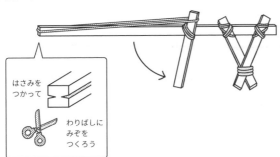

はさみをつかって わりばしにみぞをつくろう

まとをつくろう

すきな絵をかいたり、うらに点数をかいたりしてまとをつくってあそんでみよう！

飛ぶシリーズ

25
紙パックフリスビー

対象：5年生〜　時間：45分

1枚の紙パックからフリスビーをつくろう

準備物
教師：ワークシート，ホチキス，ビニルテープ，B5又はA4用紙でつくった紙の帯
児童：紙パック（1000mLのもの），はさみ

✏ ねらい

紙パックに切れ目を入れ，丸めることでフリスビーに変身する。本ワークでは，その方法に着目し，紙パックに成形を加えることでギザギザの形状をもったフリスビーをつくることで，造形的な面白さに気づくとともに，見立ての広がりについて学ぶ。

✏ 活動の流れ

❶ 活動のめあてをつかむ
　教師がつくりかけの（輪にしていない）紙パックを輪にし，フリスビーの形状が生まれる様子を見て，活動に対する関心をもつ。
❷ 紙パックの1辺を残し，8等分に切れ目を入れる
　8等分に切る際には，ものさしを用いるのではなく，紙パックと同じ長さの紙の帯を3回畳んで広げたものの折り目を利用する。
❸ 紙パックを輪にして，ホチキスでとめる
❹ フリスビーの先にビニルテープを巻く
　テープのとめ方で，回ったときの模様が変わる。
❺ 飛ばし方を練習し，模様の違いに気づいたり，遊び方を考えたりする

✏ 指導のポイント

○ 紙パックは，アレルギーの子どもがいることを想定して，牛乳パックではなく，お茶やジュースなどの紙パックを各自もってくるよう伝える。
○ このワークでは，紙パックの模様の面白さにも注目したいので色はつけない。
○ はさみで紙パックを切るときは，はさみの奥の部分を使って切るように伝える。
○ フリスビーの遊び方については，安全に配慮する。
○ 紙パックの羽の角を斜めにカットすると，より安全である。

✏ 評　価　※題材として取り組む場合には，次のポイントを評価規準に盛り込みたい

知・技 直方体の紙パックに切れ目を入れることで，形状が大きく変化する造形の面白さに気づいている。8等分に正確に切ろうとしている。
思・判・表 よく飛ぶフリスビーの投げ方や自分なりの遊び方を思いついている。
態　度 紙パックを切ってつくる活動に主体的に取り組んでいる。

25 飛ぶシリーズ 紙パックフリスビー

つくりかた

① 底は切りぬき、上の部分は片面をのこして三方を切りとる。

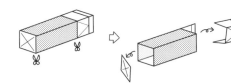

② 8等分のしるしをつける。

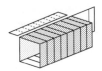

8等分をするには？
紙パックと同じ長さの紙の帯を3回半分に折ってひろげる。

   ひらく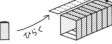

③ 一辺をのこしてハサミで切る。

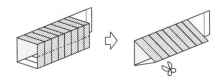

④ まるめてホッチキスでとめ、はしをビニールテープでとめる。

あそびかた

フリスビーのはしを持ち、内側から外側に向かって回転を与えながらとばす。

いろいろなルールを決めてあそぼう！

回るシリーズ

26
キンペラ・キャンペラ

対象：全学年　時間：15分

細長い紙を折ったり，切ったりして，クルクル回るおもちゃをつくろう

 準備物
教師：ワークシート
児童：はさみ

ねらい

本題材は，長方形の紙を折ったり，切ったりすることで，落ちながらクルクル回るおもちゃをつくるもの。わずかな材料を成形することで，回る機能が生まれるデザインの面白さを知るとともに，それを使った遊びを考えることがねらいである。

活動の流れ

❶ 活動のめあてをつかむ
　教師があらかじめつくっておいたキンペラ・キャンペラを見ることで，制作への意欲をもつ。
❷ ワークシートをもとにキンペラ・キャンペラをつくる
　丁寧に，切れ目をつける。
❸ 完成したら，形の調整を行う
　キンペラは先を少しつまんで折り目をつける。
❹ キンペラ・キャンペラの回り方を試しながらいろいろな遊び方を考える

指導のポイント

○ 導入では，教師があらかじめつくっておいたキンペラ・キャンペラの動きを子どもたちの前で見せ，制作に向かう意欲を喚起する。
○ ふくらみが大きいとゆっくり回り，少ないと速く回ることを遊ぶ中で気づくように支援する。
○ できたら，落ちる際の動きを楽しみ，発展的な遊び方について考える。例えば，キンペラは，魚の絵を描いて，紙コップなどでキャッチをする。また，キャンペラは，2枚の色紙の色を変えて回してみるなど。

評　価　※題材として取り組む場合には，次のポイントを評価規準に盛り込みたい

知・技　折りを加えて動くおもちゃの仕組みを知り，適切に折っている。
思・判・表　大きさの異なる紙でいろいろなキンペラ・キャンペラをつくって，その動きの違いに気づいている。色をつけ，いろいろな模様を楽しんでいる。
態　度　折りを加えて動くおもちゃについて興味をもち，試行錯誤して遊ぶことを楽しんでいる。

26 回るシリーズ
キンペラ・キャンペラ

ねん　くみ　なまえ

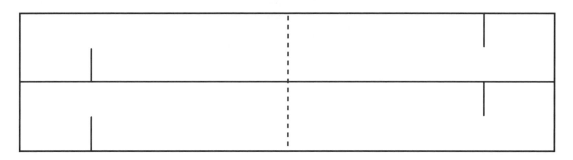

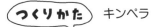 つくりかた　キンペラ

あそびかた

キンペラを
よこにつまんで
手をはなすと
クルクル回りながら
おちていくよ！

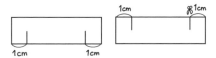

 つくりかた　キャンペラ

あそびかた

キンペラと
おなじようにもって
手をはなそう。
ほかにもいろいろな
あそびかたを
かんがえてみよう！

回るシリーズ

27 クルクルコプター

対象：全学年　時間：15分

細長い紙を折ったり，切ったりして，クルクル回るおもちゃをつくろう

準備物
教師：ワークシート
児童：はさみ，サインペン

✏️ ねらい

本題材は，長方形の紙を折ったり，切ったりすることで，落ちながらくるくる回るおもちゃをつくるものである。材料を成形することで，回る機能が生まれるデザインの面白さを知るとともに，それを使った遊びを考えることがねらいである。

✏️ 活動の流れ

❶ 活動のめあてをつかむ
　教師があらかじめつくっておいたクルクルコプターを見せる。
❷ ワークシートをもとにクルクルコプターを折ってつくる
❸ 折りが完成したら，ハサミで切れ目を入れ，羽の調整を行う
❹ でき上がったクルクルコプターの回り方を試しながら動きの調整をするとともに，いろいろな遊び方を考える

✏️ 指導のポイント

○　折りを加える際，十字に折るところは軽く折り，それ以外は，しっかり折り目をつける（爪アイロン）ことを伝える。
○　色をつける場合は，羽に油性ペンでつけるようにする。
○　羽の反りは，横から見たときにクジラの噴水のように，左右対処に反らせることを伝える（ねじりを入れる必要はない）。
○　できたら，動き（色をつけた場合は模様の美しさ）を楽しみ，発展的な遊び方について考える。例えば，紙コップでキャッチする，一周回ってキャッチする，一度に2つ3つを落としてキャッチする，つけた色の美しさを見せ合うなど。

✏️ 評　価　※題材として取り組む場合には，次のポイントを評価規準に盛り込みたい

知・技　折りを加えて動くおもちゃの仕組みを知り，適切に折っている。
思・判・表　大きさの異なる紙でいろいろなクルクルコプターをつくって，その動きの違いに気づいている。色をつけ，いろいろな模様を楽しんでいる。
態　度　折りを加えて動くおもちゃについて興味をもち，試行錯誤しながら遊ぶことを楽しんでいる。

27 回るシリーズ クルクルコプター

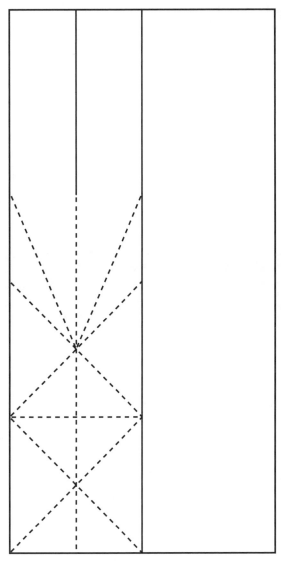

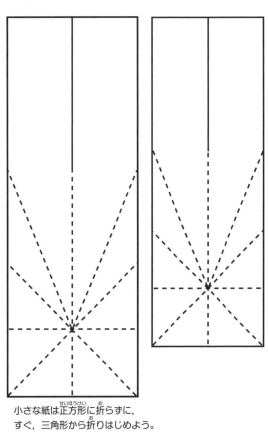

小さな紙は正方形に折らずに、すぐ、三角形から折りはじめよう。

つくりかた

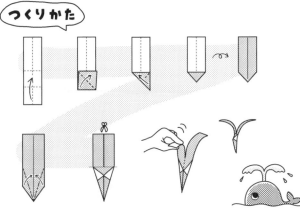

あそびかた クルクルコプターの三角の部分をもち、はなそう。

いろいろな遊びをかんがえよう！

回るシリーズ

28
吹きかざぐるま

対象：全学年　　時間：15分

息を吹きかけるとくるくる回る「吹きかざぐるま」をつくろう

準備物
教師：ワークシート，つまようじ，油性ペン
児童：はさみ

✎ ねらい

折りを加えるだけで「吹きかざぐるま」が完成。本ワークでは，一枚の紙から回るおもちゃができ上がる活動を通じて，回る仕組みに興味をもつことをねらいとしている。

✎ 活動の流れ

❶ 活動のめあてをつかむ
　教師が吹きかざぐるまを回す姿を見て，制作に関心をもつ。
❷ ワークシートを切り取り，線に沿って折る
　線に沿って丁寧に折っていく。

❸ 中央につまようじを差し込む
❹ でき上がったら，息を吹きかけて，回して遊ぶ
　時間に余裕がある場合には，色や模様をつけて，回したときの変化を楽しむ。

✎ 指導のポイント

○ 導入では，教師が吹きかざぐるまを回してみせることで子どもたちの意欲を喚起する。
○ 回る羽の仕組みをつくる際には，丁寧に折り進めるように伝える。しっかりと折り目をつける（爪アイロン）。
○ 全体の羽のバランスを見ながら，上から見たときに風車の形に見えるように形を整える。
○ 作品を見せ合う時間には，回し方のコツや，模様の美しさなどに着目する。
○ 本題材は色紙の1／4の正方形を材料とすることもできる。

✎ 評　価　※題材として取り組む場合には，次のポイントを評価規準に盛り込みたい

知・技 線に沿って，正方形に切っている。回る仕組みを考えながら，正確に折っている。
思・判・表 回し方の工夫を考えたり，自他の表現の違いをみつけたりしている。
態　度 回るおもちゃの仕組みに興味をもち，主体的に取り組んでいる。

28 回るシリーズ
吹きかざぐるま

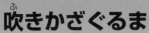

	ねん　　くみ
なまえ	

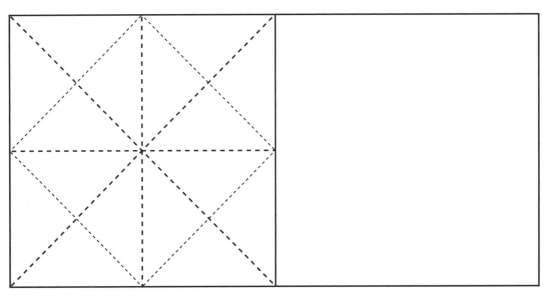

※色紙の1/4でもできるよ！

つくりかた

① 三角形を3回おる。

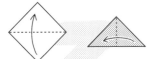

② ひろげて下の形になるようにおりかえす。

③ 羽の先を中心の折り目にそうように同じ方向におる。

上から見た図

④ かざぐるまの下からつまようじをさしこむ。

あそびかた

息をふきかけたり、走ったりしてかざぐるまをクルクルまわそう！

どの方向から風をうけるとよくまわるかな？

回るシリーズ

29 かざぐるま

対象：3年生〜　時間：30分

色紙を使って，よく回るかざぐるまをつくろう

準備物
教師：ワークシート，色紙1枚，わりばし，ストロー1本，つまようじ1本，セロハンテープ
児童：はさみ

✏️ ねらい

　かざぐるまは，風を感じながら遊ぶことができる子どもに人気の伝承おもちゃの一つである。本題材では，色紙と身近な素材を組み合わせたかざぐるまづくりに取り組むことを通して，回る仕組みを考え，遊び方の工夫を考えることをねらいとしている。

✏️ 活動の流れ

| ❶ 活動のめあてをつかむ
　教師のかざぐるまを見て，制作への意欲をもつ。
❷ ワークシートをもとに，色紙を折り，切れ目を入れる
　折り目や切れ目の作業は，丁寧に，正確に行う。
❸ ストローとつまようじを使って，羽が回るしかけをつくる | 　ワークシートの説明をもとに，回るしかけを完成させる。
❹ でき上がったかざぐるまの回し方を試しながら，よく回る工夫や遊び方を考える
　どのように風をうけるとよく回るのか，動かす速さなど，友だちの様子をもとに考える。 |

✏️ 指導のポイント

○　切れ目を入れる際には，中央から2／3の長さになるように切るように留意する。わかりにくければ，15cm角の正方形に切る部分に線を入れたコピーを印刷する。

○　かざぐるま本体は，中心のつまようじが1〜2cm見えるように空間をあける。

○　つまようじに1つ目のパーツをさす場合，頭の溝部分にカチッとはまるまで移動させ，固定されていることを確認する。

○　完成したら，かざぐるまを動かしてみながら，よく回る方法について友だちと考えたり，発見したりする時間を大切にするとともに，発展的な遊び方についても考えられるようにする。

✏️ 評　価　※題材として取り組む場合には，次のポイントを評価規準に盛り込みたい

知・技　折りを加えて動くおもちゃの仕組みを知り，よく回るよう調整している。

思・判・表　回し方の違いに気づき，よく回る方法を考えている。様々な遊び方をみつけている。

態　度　折りを加えて動くおもちゃについて興味をもち，試行錯誤しながら遊ぶことを楽しんでいる。

29 回るシリーズ かざぐるま

ねん　くみ
なまえ

つくりかた

① 紙を折ってひろげ、切れ目をいれる。

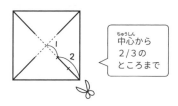

中心から2/3のところまで

② 2cmのパーツを3つ作る。

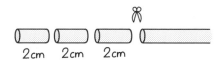

③ ストローのチップを1つめはさし、2つめは通してつまようじの頭まで移動する。

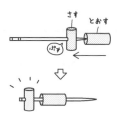

④ ③のつまようじを色紙の色のついた方からさし、はねの先を1つおきにさしこむ。

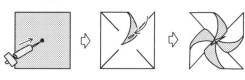

⑤ のこりのストローを図のようにさしこみ、つまようじの先にハサミで切れ目をいれて折りとる。

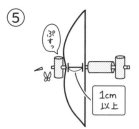

※このとき、風車の前と後ろの紙の空間を1cm以上あける。

⑥ わりばしの頭の片面にセロハンテープをはり、⑤のかざぐるまをのせてセロハンテープでとめる。

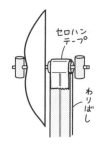

回るシリーズ

30 スピンコップ

対象：3年生〜　時間：30分

紙コップを使って，風で回るおもちゃをつくろう

準備物　教師：ワークシート，紙コップ2個，タコ糸（細），つまようじ
児童：はさみ，油性ペン

ねらい

かざぐるまは，風を感じながら遊べる人気の伝承おもちゃである。本題材は，紙コップを使い風で動く変形かざぐるま「スピンコップ」づくりに取り組むことを通して，回る仕組みを考え，遊び方の工夫をすることをねらいとしている。

活動の流れ

❶ 活動のめあてをつかむ
　教師のスピンコップを見て，制作への意欲をもつ。
❷ ワークシートをもとに，紙コップに8等分に切れ目を入れ，それぞれの羽を斜めに折る
❸ 羽が回るしかけをつくる
　もう一つの紙コップのまん中に穴を開け，タコ糸を通し，木綿糸の先を玉結びする。
❹ でき上がったスピンコップの回り方を風を使って試しながら，よく回る工夫を考える
　どのように風をうけるとよく回るのか，動かす速さなど，友だちの様子をもとに考える。

指導のポイント

○ 導入では，教師がスピンコップを見せることで子どもたちの意欲を喚起する。
○ 切れ目は，最初に紙コップのつなぎ目に入れ，その後，反対側に切れ目を入れる（2分割）。その後，それぞれの中央に切れ目を入れ（4分割），さらに，それぞれの中央に切れ目を入れることで約8等分の羽をつくる。
○ 羽が切れたら，全ての羽を斜め（45度くらい）に，同じ方向に折る。
○ つまようじでコップの底に穴を開けるときには，まず，外側のコップの底を刺し，穴を開ける。それをもう一つのコップにかぶせて穴を開けると，正確に穴を開けられる。
○ 通した糸の先を玉結びしても抜けやすい場合は，ゼムクリップなどに結びつけるとよい。

評　価　※題材として取り組む場合には，次のポイントを評価規準に盛り込みたい

|知・技| 折りを加えて動くおもちゃの仕組みを考え，よく回るよう調整している。
|思・判・表| 回し方に気づき，よく回る方法を考えている。様々な遊び方をみつけている。
|態　度| 折りを加えて動くおもちゃについて興味をもち，試行錯誤しながら遊ぶことを楽しんでいる。

30 回るシリーズ スピンコップ

なまえ ねん　　　くみ

つくりかた

① 紙コップを8つに切り、ななめに折る。

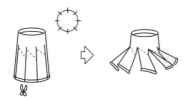

② 紙コップをかさね、まん中にあなをあける。

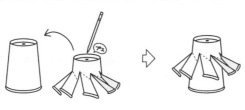

③ あけたあなに糸をとおし、先を玉むすびして糸がぬけないようにする。

すきな絵をかこう！

バリエーション

発泡球

回るシリーズ

31
まわるおもちゃ

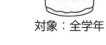

対象：全学年　時間：15分

紙の特徴を活かして振動で回るおもちゃをつくろう

準備物
教師：ワークシート，のり
児童：はさみ，サインペン

ねらい

本題材は，紙の筒に斜めの切れ目を入れ上下振動を与えることで，回転の運動に変えるおもちゃである。本題材に取り組むことを通して，回る仕組みに興味をもち，遊び方の工夫を考えることをねらいとしている。

活動の流れ

❶ 活動のめあてをつかむ
　教師の回るおもちゃを見て,制作への意欲をもつ。
❷ ワークシートをもとに，回るおもちゃを切り取る
❸ 切れ目を正確に入れ，円筒形にしてのりでとめる
　切れ目を入れる活動は，丁寧に，正確に行う。
❹ でき上がった回るおもちゃを紙の箱などの上に置き，指で細かい振動を加え，回転させるリズムをみつける
　どのように振動を与えるとよく回るのか，指を動かす速さなど，友だちとともに考える。
❺ どんなものが回ったら面白いか考えて，絵などを描く

指導のポイント

○ 導入では，教師が回るおもちゃを動かしてみせることで子どもたちの意欲を喚起する。
○ 切れ目を入れる際には，できるだけ正確に入れるよう伝える。
○ ワークシートを印刷した紙が硬かったり，柔らかすぎたりするようであれば色紙を使用する。
○ おもちゃを動かしてみながら，よく回る方法について友だちと考えたり，発見したりする時間を大切にし，発展的な遊び方についても考えられるようにする。

評　価　※題材として取り組む場合には，次のポイントを評価規準に盛り込みたい

知・技　斜めの切れ目を正確に入れ，動くおもちゃの仕組みに興味をもっている。
思・判・表　回し方に気づき，よく回る方法を考えている。様々な遊び方をみつけている。
態　度　振動を加えて動くおもちゃについて興味をもち，試行錯誤しながら遊ぶことを楽しんでいる。

31 まわるおもちゃ

回るシリーズ

振動でまわるおもちゃをつくろう。
できたら、箱の上にのせてトントン振動をあたえよう。
どんなかおをかくとたのしいかかんがえて絵をかこう。

トントン

のりしろ

きりとる

きりとる

のりしろ

きりとる

きりとる

回るシリーズ

32 ぶんぶんゴマ

対象：3年生〜　　時間：30分

ブーン，ブーンとうなる伝統的な紙ゴマをつくろう

準備物　教師：ワークシート，工作用紙6cm×18cm，タコ糸1.2m，千枚通し
児童：サインペン，はさみ，のり

ねらい

　ぶんぶんゴマは，手軽につくることができ，着彩することで色の変化も楽しめ，同時に，回す技術を習得することで達成感も味わうことができる優れた伝承おもちゃである。さらに，個人の遊びから，集団で回す遊びに発展することもできる。

活動の流れ

❶ **活動のめあてをつかむ**
　教師が正方形のぶんぶんゴマを回すことで，ぶんぶんゴマ制作への興味をもたせる。
❷ **工作用紙を3枚貼り合わせて着彩し，穴を開けてぶんぶんゴマをつくる**
　穴開けは，対角線の交点から正確に5mmのところに千枚通しで穴を2つ開ける。
❸ **となりの友だちと見せ合う**
　模様の違いをみつけ，いろいろな描き方があることに気づく。穴の大きさは，タコ糸が自由に動くように少し大きめの穴を開ける。
❹ **2つの穴にたこ糸を通し輪にしてとめる**
　結び目が解けないように，しっかり結ぶ。
❺ **でき上がったぶんぶんゴマを回しながら，お互いに鑑賞し合う**
　5人回し，10人回しなど集団で回す。

指導のポイント

○　導入では，教師が回してみせることで子どもたちの意欲を喚起する。
○　あらかじめ，コマを数回回して糸をよっておき，それを戻すようにしながら横一直線に引く。反対のよりができたらまた横一直線に引く。これをタイミングよく繰り返すと，ブーン，ブーンとうなりながらコマが高速回転する。
○　変形のコマの形を切るときは，型紙を切り取り，工作用紙に貼って切る。残りの2枚は，1枚目ができたら，それをものさし替わりにして工作用紙に線を引く。

評　価　※題材として取り組む場合には，次のポイントを評価規準に盛り込みたい

知・技　コマにはいろいろな形があり，いろいろな模様があることに気づいている。コマの回し方を理解し，感覚を働かせながら回している。
思・判・表　コマの回し方の工夫を考えたり，協力したり（一人で2個回し，3個回し，5個を5人で回すなど）している。
態　度　美しいコマの模様を描く活動や集団で協力してコマ回しに取り組んでいる。

32 回るシリーズ　ぶんぶんゴマ

すきなもようをかいて、工作用紙を3枚重ねてはろう。

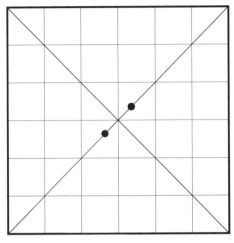
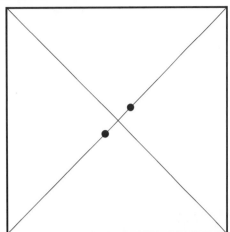
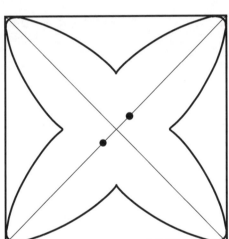
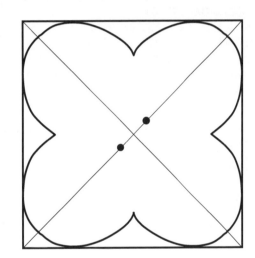

つくりかた

① 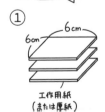　② 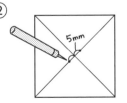　③

あそびかた

① コマを4〜5回まいたあと、左右にひっぱったあと、すぐに少しゆるめる。
② コマが逆にまかれてとまったらまた左右にひっぱり、すぐにゆるめる。
③ ①②をくりかえすとコマの回転があがり、
　　ブーンブーンと音をたててまわるようになる。

変化するものシリーズ

33 マジカルツリー・マジカルタワー

対象：全学年　時間：15分

丸めた新聞紙で伸びる飾りをつくろう

準備物
教師：ワークシート，新聞紙，セロハンテープ
児童：はさみ

✏ ねらい

紙を丸めて内側又は外側から引っ張ると，らせん状に伸びる。本題材は，その性質を利用して，伸びる造形を楽しんでつくることをねらいとするものである。

✏ 活動の流れ

❶ 活動のめあてをつかむ
　半分に切って丸めた新聞紙を内側から引っ張ると新聞紙がらせん状に伸びていくことを見ることで活動に関心をもつ。
❷ 新聞紙を横半分に切り，切った新聞紙を巻いてセロハンテープでとめる
　マジカルツリーの場合は，まん中から下の部分をセロハンテープでとめる。タワーの場合は両端をとめる。
❸ 紙を裂いて，紙の内側から紙を引っ張る
　片手で紙の筒をもち，もう一方の手で新聞紙の内側の紙を一気に引き上げる。
❹ できたマジカルツリーを手にもち上下させたりしながら紙の動きの面白さを楽しむ
❺ マジカルタワーも試し，発展的な遊びのバリエーションなどを考える

✏ 指導のポイント

○ 導入では，教師が紙の筒を出してみせることで子どもたちの意欲を喚起する。
○ マジカルツリー，マジカルタワーともに，横に切った新聞紙（下半分，上半分）を使う。
○ 巻く際の直径は約3㎝になるようにする。
○ 内側の新聞紙を引っ張る前は，新聞紙の筒の形状ができるだけ丸くなるように整える。
○ 飾りを引っ張り上げるときは，一気に引き上げるようにすると面白さや驚きが増す。
○ 長い飾りをつくりたいときは，新聞紙をもう一枚足す。このときは，新聞紙を貼ってつなぐのではなく，10㎝ほど重ねて丸めるだけでよい。紙筒の厚みが倍になっているので，手で裂けない場合は，はさみで切るようにする。
○ つくり方を試してみた後，いろいろなバリエーションを考えてみる。

✏ 評価　※題材として取り組む場合には，次のポイントを評価規準に盛り込みたい

知・技	巻いた紙の特性を利用することで，造形的な面白さに発展できることに気づいている。
思・判・表	ツリーなどの発展の仕方や遊び方を考え，思いついたことを表現している。
態　度	紙の特性に興味をもち，新聞紙で伸びる飾りをつくる活動に主体的に取り組んでいる。

33 変化するものシリーズ
マジカルツリー・マジカルタワー

ねん　くみ
なまえ

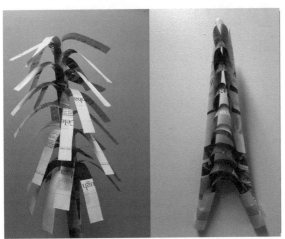

つくりかた

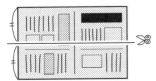

筒の太さ（直径）は3cmくらいにしよう

マジカルツリー	マジカルタワー

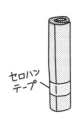 　　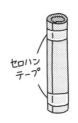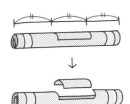

セロハンテープ

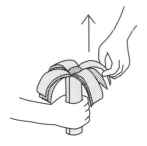

内がわの新聞紙を1枚もって、上にシュッとひっぱりあげよう！

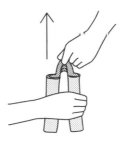

いちばん外の新聞紙を1枚もって、上にシュッとひっぱりあげよう！

変化するものシリーズ

34
のびるかざり

対象：3年生〜　時間：15分

紙の折り返しを生かして，伸びる飾りをつくろう

準備物　教師：ワークシート
児童：はさみ

ねらい

　紙を二つに折って，はさみで一定の形を切り取ると左右対称形の穴が生まれる。全部を切り取らず一部分残して折り返すと，切り抜いた形によって紙が伸びる。本題材は，一部分を残して紙に切れ目を入れ折り返すことの繰り返しによって様々な形が連続的に生まれ，紙が伸びていく折り返しの面白さを学ぶとともに，表現の可能性を広げることをねらいとしている。

活動の流れ

❶ 活動のめあてをつかむ
　教師が紹介するはさみの使い方と折り返しの方法を見て，折り返しを繰り返すことで紙が伸びることや形に対する関心をもつ。
❷ ワークシートを使いはさみで切れ目を入れ折り返していく
　実線は切り，点線は折る。慣れるまで友だちと相談しながら進めてもよい。
❸ 形が伸びる面白さを味わう
　ワークシートでは，直線を切るようにしているが，直線を目安にいろいろな形を切るようにしてもよい。
❹ でき上がった形を鑑賞し合うとともに，飾りの生かし方などについて考える

指導のポイント

○ 導入では，教師が2段階目までを切って折り返してみることで，子どもたちの意欲を喚起する。
○ 図形を切るときには，最初は実線部分を切って折り返すが，慣れてきたら実線の直線にこだわらず曲線やジグザクの線に切ってもよいことを伝える。
○ 切って折り返す方法に慣れてきたら，別の用紙に基本になる設計図を描き，伸びる飾りをつくっていく。その際，基本になる形の繰り返しが美しい飾りになることに気づかせる。

評　価　※題材として取り組む場合には，次のポイントを評価規準に盛り込みたい

知・技　切って折り返すことで対称形が生まれ，それを繰り返すことで美しいつながる飾りになることに気づいている。イメージした形に切り抜いている。
思・判・表　新しい切り方を思いついている。自他の切り方の表現の違いをみつけている。
態　度　切って折りかえす活動を楽しみ，主体的に取り組んでいる。

34 変化するものシリーズ
のびるかざり

ねん　くみ
なまえ

ワークシートを切りとったあと、紙を二つ折りして、実線は切り点線は折りをくわえよう。

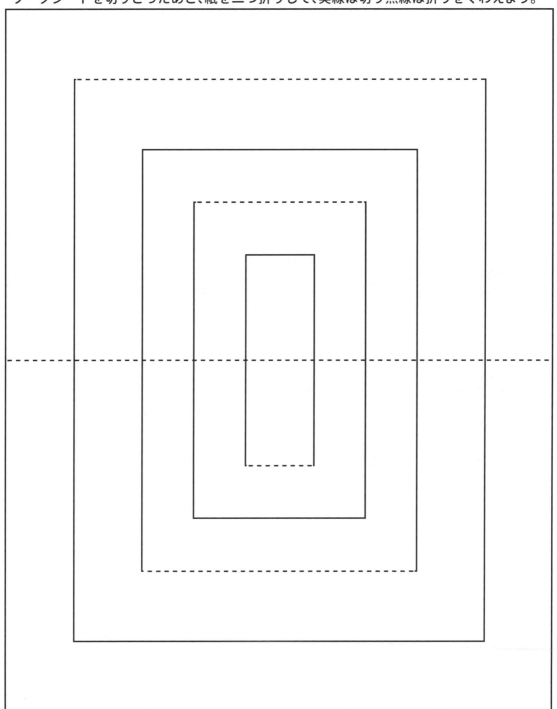

できたかざりは何につかおうか。形をかえていろいろなかざりをつくろう！

変化するものシリーズ

35
紙パズル

対象：全学年　時間：30分

紙にいろいろな絵を描いて紙パズルをつくろう

準備物　教師：ワークシート
　　　　　児童：鉛筆，はさみ

ねらい

小さな空間に好きな絵や模様を描き，はさみでいろいろな形に切ってジグソーパズルをつくる。描かれた絵から不定形の図形を切り取り，描かれた絵を基に図形を組み合わせていく面白さを味わうことがねらいである。

活動の流れ

❶ 活動のめあてをつかむ
　教師が紹介する絵パズルを見て，いろいろな形のパズルをつくることに関心をもつ。
❷ 枠の中に好きな絵や模様を描く
　好きな絵を思い浮かべながら描く。
❸ はさみで模様を様々な形に切る
　描いた絵にこだわらず，いろいろな形に絵を切っていく。
❹ 切った形を基にパズルゲームをする
　切った模様をバラバラにし，パズルを楽しむ。難易度に応じて，切ってパーツを増やす。
❺ でき上がった「パズルゲーム」を友だちと交換してゲームを楽しむ
　絵や切り方の工夫を味わう。

指導のポイント

○ パズル絵を描く際には，直接，鉛筆で画面一杯に描くようにする。
○ このワークでは，形に着目させたいので，基本的には色はつけない。
○ 切り取りは，10個以下のパーツから始めて，時間や盛り上がりの様子に合わせて増やす。
○ 作品を見せ合う時間には，絵の上手い下手という観点ではなく，パーツの形の面白さに着目する。

評　価　※題材として取り組む場合には，次のポイントを評価規準に盛り込みたい

知・技　パーツにもいろいろな形があり，様々に切り分けられることに気づいている。
思・判・表　自身のパズルの難易度を理解し，新しいパーツの切り方を考えている。
態　度　面白い絵やパーツを切り分ける活動に主体的に取り組んでいる。

35 紙パズル
変化するものシリーズ

下のわくの中に好きな絵をかいたあと、はさみで自由に切ってジグソーパズルをつくろう！

変化するものシリーズ

36
六角返し

対象：3年生〜　時間：30分

絵が変わる不思議なおもちゃ「六角返し」をつくろう

 準備物　教師：ワークシート，水性ペン，のり
児童：はさみ

✏️ ねらい

「六角返し」は，三角形に折った紙帯から，3種類の絵が現れる不思議なおもちゃ。3種類の絵が次々と現れる面白さを体験することができる題材である。

本ワークでは，紙帯をつくって折る活動を通して，正三角形に正確に折ること，見立ての広がりについて学ぶことをねらいとしている。

✏️ 活動の流れ

❶　活動のめあてをつかむ
　　教師の六角返しをみて，つくることに関心をもつ。
❷　ワークシートを切り，のりづけして紙帯をつくる
　　つなぎ部分が正三角形になるように留意する。
❸　両端の網掛け部分を切り取る
❹　しっかりと折り目をつけながら，正三角形を正確に折る
　　線に沿って，じゃばら折りをする。
❺　3面に好きな絵を描き，作品を鑑賞し合う

✏️ 指導のポイント

○　導入では，教師が六角返しの絵を変えてみせることで子どもたちの意欲を喚起する。
○　つなぎ部分ののりづけでは，★が成形されるように留意し，正三角形を完成させる。
○　1と10をのりづけして輪をつくり，広げると六角形が完成する。図のように，畳んで広げると新しい面（合計で3面）がでてくる。紙に折りくせがつくまで，畳んで広げることを繰り返す。
○　3つの面全てに，好きな絵を描く。その際，同じ方向に畳んで広げるようにし，一定の面に描いていくことがポイントとなる。
○　正三角形を正確に折ることがポイントとなるため，丁寧に活動を進めるよう伝える。
○　作品を見せ合う時間には，友だちの3画面の着想のよさに目が向けられるようにする。

✏️ 評価　※題材として取り組む場合には，次のポイントを評価規準に盛り込みたい

知・技　正三角形を折り重ねることができている。
思・判・表　六角返しの画面を変える面白さを知り，3面の絵を思いついている。
態度　紙を折って六角返しをつくる活動に主体的に取り組み，友だちと見せ合うことを楽しんでいる。

36 六角返し

変化するものシリーズ

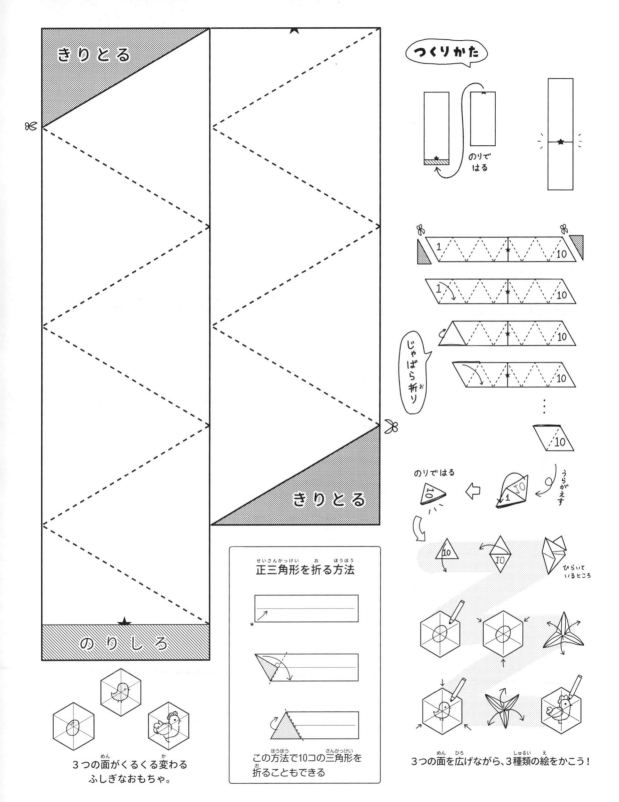

飾るシリーズ

37
きりかざり

対象：全学年　時間：15分

1枚の紙から美しいかざりをつくろう

準備物
教師：ワークシート
児童：はさみ

✎ ねらい

正方形の紙を3回畳み，はさみで切れ目を加えることで紙のかざりに変身。本ワークでは，その方法に着目し，ワークシートからいろいろなかざりの形状を切り取り，様々な紙かざりをつくることを通じて，模様づくりを楽しむことをねらいとしている。

✎ 活動の流れ

❶ **活動のめあてをつかむ**
教師が紙を畳み，切れ目を入れて広げ，きりかざりを見せることで，制作への関心をもつ。

❷ **ワークシートを切り取り，シートを3回畳む**
3回は基本の畳み方。2回，変形の折り方も考えられる。

❸ **切り抜いた紙の形から，様々なきりかざりをつくる**
いずれも，折った中心から放射線状の模様になることを理解する。

❹ **できたきりかざりを鑑賞し合う**
きりかざりを色画用紙に貼る。並べたり，絵の背景にしたりなどもできる。

✎ 指導のポイント

○ 導入では，教師が切ってみせることで子どもたちの意欲を喚起する。
○ 切る際には，下書きをせず，はさみの奥の部分で直接切っていくようにする。下書きをしてから切りたいという子どもがいる場合には，ワークシートに，うすく描くようにする。
○ このワークでは，形に着目させ，はさみの切れ目でできるいろいろな形をつくることをねらいとしているため，基本的には色はつけない。
○ はさみの延長上に手がないようくれぐれも気をつける。
○ 作品を見せ合う時間には，形の面白さや切り方のアイデアに着目する。

✎ 評　価　※題材として取り組む場合には，次のポイントを評価規準に盛り込みたい

知・技 きりかざりにもいろいろな形状があり，切り分けられることに気づいている。
思・判・表 新しい飾りの切り方を思いついている。自他のきりかざりの表現の違いをみつけている。
態　度 ワークシートをもとに，きりかざりをつくる活動に意欲的に取り組んでいる。

37 飾るシリーズ **きりかざり**

ねん　くみ
なまえ

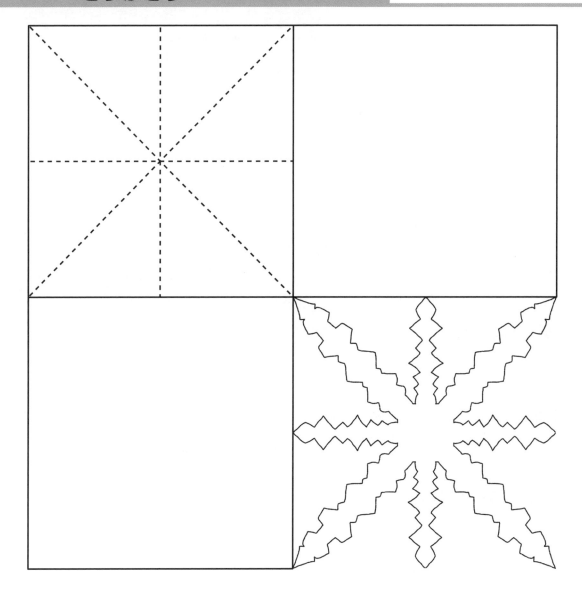

① 三角形に3回おる。

② ハサミの奥のところでいろいろな形に切る。
つながっているほうを上に

③ ひらけたらきりかざりのできあがり！

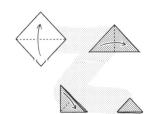
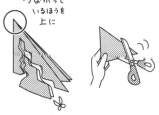

いろいろな大きさのかみでためしてみよう！

できたら、紙にはってみんなで鑑賞しあおう！

飾るシリーズ

38
クリスマスカクタス

対象：3年生〜　時間：45分

画用紙の性質を生かして，つるす飾りをつくろう

準備物
教師：ワークシート，8つ切り画用紙，色紙4色
児童：はさみ，のり

ねらい

本題材は，画用紙の性質を生かしたものである。細長く切った画用紙を反らせることによって，紙の美しさに気づくとともに季節の飾りとして生かすことをねらいとしている。北欧などで用いられるクリスマスカクタスだけでなく，緑の色画用紙を使用することで日本の伝統行事である七夕飾りにも応用することができる。また，画用紙の先端につけるかざりは，紙を折って切るかざりの創作を想定することができる。

活動の流れ

❶ 活動のめあてをつかむ
　画用紙を切って反らせた形をみて，画用紙の生かし方に関心をもつ。
❷ 画用紙を折って切りながら原型をつくる
　畳んで折ることで，ものさしを使わずに等分にすることができることを知る。
❸ 画用紙に何を飾るか考えながら色紙を切る
　色紙の折り方によっていろいろな模様ができることをみつけ，様々な切り方があることに気づく。
❹ つくった飾りを画用紙に貼る
❺ でき上がった飾りをつるし，友だちと見せ合う

指導のポイント

○ 導入では，教師がつるす飾りの原型をみせることで子どもたちの意欲を喚起する。
○ 画用紙を折る際には，指だけで押さえるのではなく，爪（爪アイロン）やはさみの持ち手の部分でしっかり折り目をつけるようにする。
○ 画用紙を反対側に反らせるときには，鉛筆などの軸を使うときれいに反らせることができる。
○ かざりに関しては，四角に折る，三角に折るなど，折り方を工夫するとともに様々な切り方を試してみる。

評価
※題材として取り組む場合には，次のポイントを評価規準に盛り込みたい

知・技 画用紙をきれいに折るための工夫を考え，様々な切り方を試している。
思・判・表 新しいかざりの折り方や切り方を思いついている。
態度 様々な切り方を楽しみ，飾る活動に主体的に取り組んでいる。

38 飾るシリーズ クリスマスカクタス

クリスマスカクタスって？

シャコバサボテンの別名。
１２月頃に開花するので
クリスマスカクタスと呼ばれる。

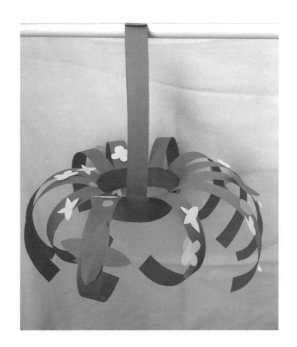

つくりかた

①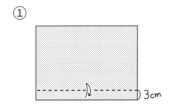

②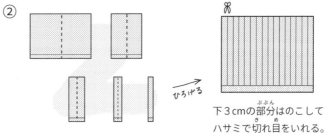

下３cmの部分はのこして
ハサミで切れ目をいれる。

③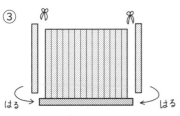

はる　　　　　　　　　はる

両はしの紙の帯を切り、
下の部分にはる（補強する）。

④

のりで
はる

⑤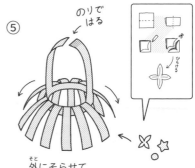

のりで
はる

外にそらせて
いろいろな切り花をひっつける。

その他

39
いきもの発見！

対象：全学年　時間：15分

いろいろなものに目玉をつけて生き物にしよう

準備物　教師：ワークシート，セロハンテープ
児童：はさみ，鉛筆

✏ ねらい

目玉シートを使って，文房具や日常品などの身の回りにある様々なものを生き物にし，それにネーミングなどをすることで，見立てを広げることをねらいとする。

✏ 活動の流れ

| ❶ 活動のめあてをつかむ
　教師が目玉シートを使い，身近なものを生き物にすることによって，オリジナルな生き物をつくることに関心をもつ。
❷ ワークシートから目玉を切り出し，身近なものに生命（いのち）をあたえる
　ワークシートの中から目玉を切り抜き，セロ | ハンテープを輪にして両面テープをつくり，身近なものに貼る。
❸ ワークシートに自分で考えた目を描き，オリジナルの目玉をつくり，いろいろなものに貼る
❹ つくった生き物にネーミングなどしながら鑑賞し合う |

✏ 指導のポイント

○ 導入では，教師が目玉シートを貼った生き物を見せ，つくった生き物を動かしながらしゃべらせることで子どもたちの意欲を喚起する。

○ 最初は，目玉をつけることで，いろいろなものを生き物に見立てる活動からスタートする。慣れてきたら，ものの色や形を生かした生き物にするよう伝える。例えば，長いものを鼻に見立てる，動くもの（ふでばこなど）を口に見立てるなどが考えられる。

○ 見せ合う時間では，つくった生き物に名前をつけ，見立ての面白さや工夫に着目する。

○ 大きなものを生き物にするときは，別の用紙や描画材（油性ペンなど）を使ってもよい。

✏ 評　価　※題材として取り組む場合には，次のポイントを評価規準に盛り込みたい

知・技　ものに目玉をつけることで，生命が生み出されることを理解し，工夫していろいろな生き物をつくっている。

思・判・表　目玉をつけると面白いものや，ものの組み合わせを考えている。

態　度　ものを組み合わせて生き物をつくったり，名前などをつけたりすることを楽しんでいる。

86

39 その他 いきもの発見！

		ねん	くみ
なまえ			

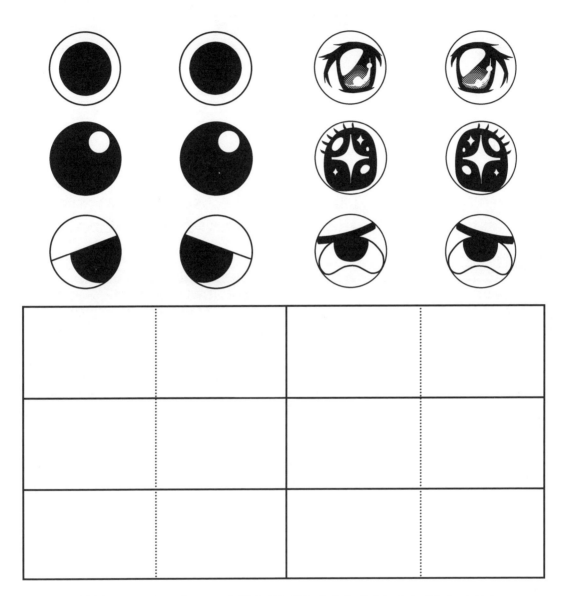

めだまシールをつくって，切りとりいろいろなものをいきものにしよう！

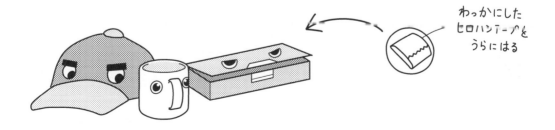

その他

40 ギザギザ虫

対象：3年生〜　時間：30分

1枚の紙からギザギザ虫をつくろう

準備物　教師：ワークシート
児童：はさみ，鉛筆

ねらい

本ワークでは，紙をジグザグに切り，目をつけ，折りを加えることでギザギザ虫に変身させる。はさみの使い方に慣れたら，1枚のワークシートから好きなギザギザの形状を切り取り，いろいろなギザギザ虫をつくる。はさみの基本的な使い方や見立ての広がりについて学ぶ。

活動の流れ

❶ 活動のめあてをつかむ
　教師が切り取るギザギザ虫を見て，ジグザグに切り，ギザギザ虫をつくることに関心をもつ。
❷ ワークシートにギザギザの切れ目を入れ，ギザギザ虫を切り出す
　まず，1匹を切り出し，目などを描く。
❸ ❷を切り抜いた紙の形からイメージを膨らませ，いろいろなギザギザ虫を切り出す
❹ ワークシートを使い切ったら，いろいろなギザギザ虫を鑑賞し合う
　時間に余裕がある場合は，ギザギザ虫に模様などをつける。

指導のポイント

○ 導入では，教師が切ってみせることで子どもたちの意欲を喚起する。
○ ジグザグに切る際には，下書きをせず，直接切っていくようにする。どうしても下書きをしてから切りたいという子どもがいる場合には，ワークシートの裏紙などに描くようにする。
○ はさみの延長上に手がないようにワークシートをもつ位置に気をつける。
○ このワークでは，ジグザグの形に着目させ，いろいろなギザギザ虫をつくることをねらいとするため，基本的には色はつけず，模様にとどめる。
○ 見せ合う時間には，形の面白さや工夫に着目する。

評価　※題材として取り組む場合には，次のポイントを評価規準に盛り込みたい

知・技　ジグザグに囲まれた形状にもいろいろな形があることに気づき，自分の考えた形に切り分けられている。
思・判・表　新しいギザギザ虫の形を思いついている。自他のギザギザ虫の表現の違いをみつけている。
態度　ワークシートをもとに，ジグザグに切る活動に主体的に取り組んでいる。

40 その他
ギザギザ虫

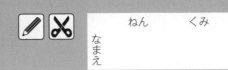

ワークシートからいろいろなギザギザ虫をつくろう！

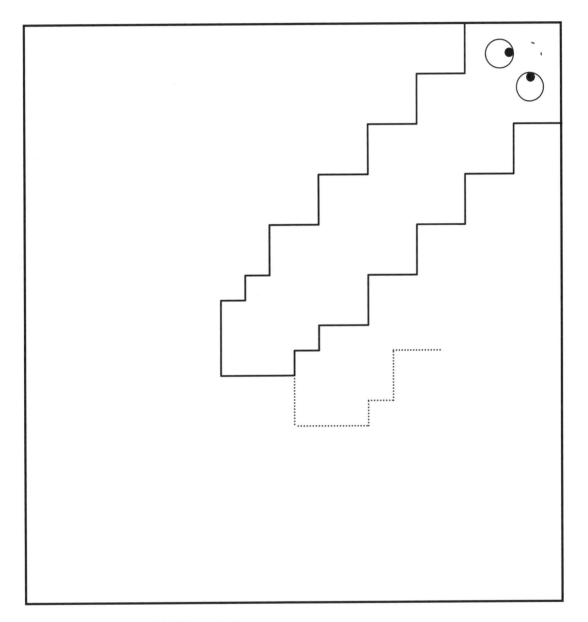

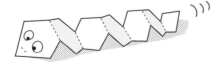

できたら紙を上下に折ってギザギザ虫の完成！

その他

41
クネクネちゃん

対象：全学年　時間：30分

クネクネちゃんをつくりながらハサミのいろいろな使い方を学習しよう

準備物　教師：ワークシート
児童：はさみ，鉛筆など

✏ ねらい

　はさみの使い方は，子どもの発達に応じて様々な段階があるが，１回切り→２回切り→連続切り→ぐにゃぐにゃ切り，ジグザグ切り……など一定の順序をもとに進んでいく。本題材では，クネクネちゃんをつくることを通じて，はさみの基本的なスキルを学習する。

✏ 活動の流れ

❶ **活動のめあてをつかむ**
　教師が紹介するクネクネちゃんを見て，ワークシートに関心をもつ。
❷ **自分で切ってつくってみる**
　いろいろなはさみの切り方を試しながら順に切る。基本的な部分を切ったら，切った部分にはさみを入れて形を変えてもよい。
❸ **となりの友だちと見せ合う**
　できたクネクネちゃんの足を開き，胴体部分を左右に曲げながら動きをつける。できた作品を見せ合う。

✏ 指導のポイント

○　導入では，教師がクネクネちゃんを動かしながら見せることで子どもの意欲を喚起する。
○　止め切りや三角切りははさみの先を使い，それ以外ははさみのまん中の部分を使うよう伝える。
○　紙をもつ手がはさみの延長上にくることのないよう注意させる。
○　基本的な切り方，連続切り，自由に切る「ぐにゃぐにゃ切り」，ジグザクに切る「ジグザグ切り」，折り目や引いた線で止める「止め切り」，はさみを左右から入れて三角の形を切り取る「三角切り」など，切り方について確認しながら進める。
○　クネクネちゃんがたくさんできたら，動きをつけて会話を楽しんだり，様々な様子を見立てたクネクネワールドをつくっても面白い。
○　クネクネちゃんはＢ５，Ａ４などいろいろなサイズの紙でもできる。

✏ 評　価　※題材として取り組む場合には，次のポイントを評価規準に盛り込みたい

|知・技| 基本的なはさみの使い方に気づき，切ることができている。
|思・判・表| はさみを使って，様々な紙の切り方を思いついている。
|態　度| はさみで紙を切る活動に主体的に取り組んでいる。

41 その他 クネクネちゃん

ねん　くみ
なまえ

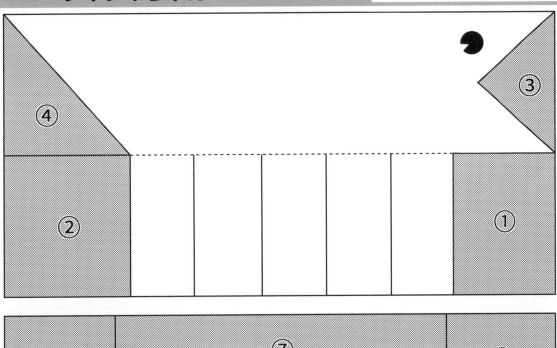

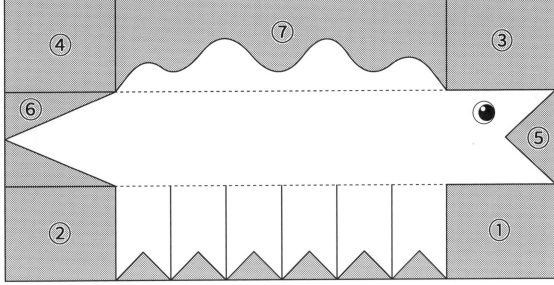

つくりかた

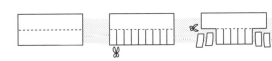

レベルアップ

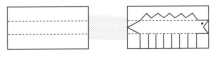

クネクネちゃんとなにをしてあそぼうかな？

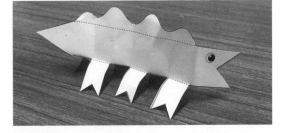

その他

42 なぞの生命体出現！

対象：全学年　時間：15分

はさみのぐにゃぐにゃ一筆切りで，なぞの生命体を切りとろう

準備物　教師：ワークシート
　　　　児童：はさみ，鉛筆

✏ ねらい

本題材では，はさみを自由に動かしながら曲線の図形を切り取り，目をつけることで生命体をつくる題材である。はさみの習熟とともに，切り取った形を自由に見立てることによって想像力を養うことがねらいである。

✏ 活動の流れ

❶ 活動のめあてをつかむ
　教師が切り取ったいろいろな曲線の形状を見て，曲線に囲まれた形をはさみで切り取ることに関心をもつ。

❷ フリーハンドで曲線の図形を切り取る
　角はつくらず，曲線でできるだけ多くのひだをつくるように切る。

❸ となりの友だちと見せ合う
　切り取れたら，生命体に見立てて目を書き込み，友だちと見せ合う。

✏ 指導のポイント

○ 導入では，教師が切ってみせることで子どもたちの意欲を喚起する。
○ 切る際には，下書きをせず，直接はさみで切るようにする。どうしても下書きをしてから描きたいという子どもがいる場合には，ワークシートの裏紙などに描くようにする。
○ はさみの延長上に紙をもつ手がないよう気をつける。
○ このワークは，形に着目することをねらいとしているため，基本的には色はつけない。
○ 作品を見せ合うときには，上手い下手という観点ではなく，形の面白さや工夫に着目する。

✏ 評　価　※題材として取り組む場合には，次のポイントを評価規準に盛り込みたい

知・技　フリーハンドで紙を切ることで，いろいろな形が生み出されることに気づいている。角をつくらず，曲線に切っていく際のはさみの使い方を身につけている。

思・判・表　自他の表現の違いに気づき，友だちとは異なる形を考えている。

態　度　はさみを使っていろいろな形を切り抜く活動に興味をもち，主体的に取り組んでいる。

42 その他
なぞの生命体出現！

はさみのぐにゃぐにゃ一筆切りでなぞの生命体を切りとろう！

できたら、かざって鑑賞しあおう。

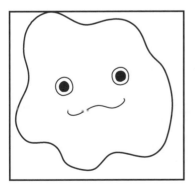
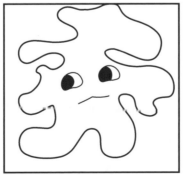

その他
43 マイフラワーをつくろう

対象：全学年　時間：30分

丸い紙を切って整えてマイフラワーにしよう

準備物　教師：ワークシート
児童：はさみ

ねらい

花は，子どもたちが絵に表す活動で描くことの多いモチーフのひとつである。しかし，ステレオタイプの表現になりやすい。本課題は，その花（特に花びら）に着目し，絵ではなく，はさみで切れ目を入れることによって花をつくることで，花のイメージや表現の幅を広げることをねらいとしている。

活動の流れ

❶ 活動のめあてをつかむ
　教師が紹介する花の切り方を見て，いろいろな形の花を切ってつくることに関心をもつ。
❷ 紙を丸く切り取り，2回二つ折りする。フリーハンドで花びらの形に切っていく
　花びらの形を1つ切ったら，いったん広げて，花びらの形を確認しながら切り進めていく。
❸ 最後まで切れたら広げ，花の形を整える
　花びらは平面に限らずに丸めたり，折り目を入れたりして紙の形を変えることで，バリエーションが増える。
❹ できたマイフラワーを見せ合う
　似ているようでも違った切り方や折り方などがあるところをみつけ，いろいろな方法に気づく。

指導のポイント

○　切る際には，下書きをせず，直接はさみで切るようする。どうしても下書きをしてから切りたいという子どもがいる場合には，紙の裏などにうすく描くようにする。
○　本ワークでは，形に着目させたいので，基本的には色はつけない。
○　作品を見せ合う時間には，上手い下手という観点ではなく，形の面白さや工夫に着目する。

評　価　※題材として取り組む場合には，次のポイントを評価規準に盛り込みたい

知・技	花びらにもいろいろな形があることに気づき，様々に切り分けようとしている。
思・判・表	新しい花の形を考えたり，自他の花の表現の違いをみつけたりしている。
態　度	紙を切って自分なりの花をつくる活動に興味をもち，主体的に取り組んでいる。

43 その他 マイフラワーをつくろう

ねん　くみ
なまえ

紙に切りこみをいれてマイフラワーをつくろう。
あなたはどんなお花をつくる？

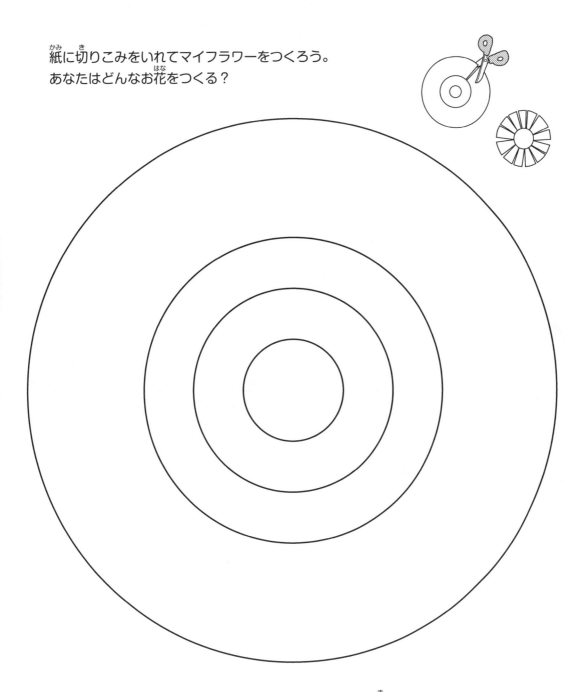

どんな切りこみをどこまでいれようか？
どんな折り方をしようか？　いろいろ考えてみよう。

その他

44 ふしぎなわっか

対象：全学年　時間：30分

わっかをねじって半分に切ったらどうなるか，ふしぎなわっかで遊んでみよう

準備物　教師：ワークシート1人2枚
児童：はさみ，のり

✏️ ねらい

　本題材の出典は，「メビウスの輪」（帯状の長方形の片方の端を180度ひねり，もう片方の端に貼り合わせできた輪。工業用には，カセットテープ（エンドレステープ）や，プリンターのインクリボンなどに応用されている）。そのようなメビウスの輪にはさみを入れて半分にすると，大きな一つの輪になる。また，紙帯を360度ねじってとめ，半分に切ると2つのつながった輪になる。本課題は，その輪の性質の造形的な美しさやふしぎさ，面白さを味わうことをねらいとする。

✏️ 活動の流れ

❶ 活動のめあてをつかむ
　ねじった紙を輪にして真ん中からはさみで切れ目を入れると，輪はどうなるかクイズ形式にすることで関心を引き出す。

❷ 長方形の紙を切り，4本つないで長い長方形にし，1回ねじって（180度）輪にする
　真ん中から切ったらどうなるか，予想してみる。

❸ 紙帯の真ん中から順々に切って結果を見る

❹ 今度は，紙の帯を2回ねじり（360度）輪にして真ん中から切ってみる
　どうなるか予想した後，切ってみる。

✏️ 指導のポイント

○　導入では，クイズ形式で考えられるようにすることで子どもたちの意欲を喚起する。
○　長方形の紙を切るときは，はさみの進行方向に手がないように注意する。
○　紙の表，裏がわかるように，鉛筆で模様や線などを描いておくと，結果を振り返るときの参考になる。

✏️ 評　価

　この題材はショートで活用するので評価は考えない。

44 その他
ふしぎなわっか

ねん　くみ
なまえ

4本つないでできた紙の帯を2回ねじってつなげよう。その帯をまんなかから2つに切ってみよう。
紙のわっかはどうなるかな。予想してから切ってみよう。

| のりしろ | のりしろ | のりしろ | のりしろ |

その他

45 くるくるアニメ

対象：3年生〜　時間：30分

1枚の紙からカンタンアニメをつくろう

準備物
教師：ワークシート，ストロー1本，セロハンテープ
児童：はさみ，サインペン

✏️ ねらい

　本題材は，紙の表裏に異なる絵を描き，くるくると回すことで絵が動いているように見えるアニメ表現のしくみに触れ，楽しむものである。どのような絵を組み合わせたら，絵が動いて見えるのかについて予想したり，試したりする楽しさを学ぶとともに，友だちの作品から発想の幅を広げることをねらいとしている。

✏️ 活動の流れ

❶ 活動のめあてをつかむ
　教師の作品を見て，くるくるアニメをつくることに関心をもつ。
❷ 動きを予想しながら，画用紙の表と裏に絵を描く
　残像によって絵が動くように見える仕組みに気づき，表裏の絵の組み合わせを考える。
❸ 画用紙の中央にストローをしっかりと貼る
❹ ストローを両手にはさんで絵を左右に回転させる
❺ 描いたものの動きを楽しんだり，友だちと見せ合ったりする

✏️ 指導のポイント

○　導入では，教師が絵を片面ずつを見せ，くるくると回すとどのようになるか予想させることで子どもたちの意欲を喚起する。
○　このワークでは，動きに着目させたいので描画表現にとどめる。絵は，太い線でわかりやすい絵を描くようにする。
○　作品を見せ合う時間には，発想の面白さや工夫に着目する。

✏️ 評　価　※題材として取り組む場合には，次のポイントを評価規準に盛り込みたい

|知・技| 絵が動く仕組みに気づいている。
|思・判・表| 絵が動く組み合わせを考えたり，友だちの作品から発想を得て，自分なりに表現している。
|態　度| 絵が動く仕組みに興味をもち，考えたり，試したりすることを楽しんでいる。

45 その他 くるくるアニメ

なまえ ねん くみ

▼動くとたのしい絵をかんがえてかいてみよう！

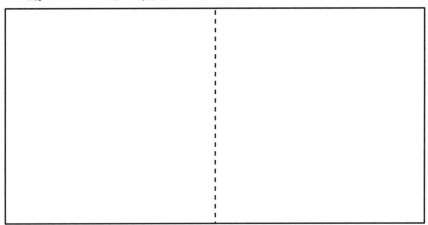

つくりかた 2面に動くとおもしろそうな絵をかき、図のようにセロハンテープでとめる。

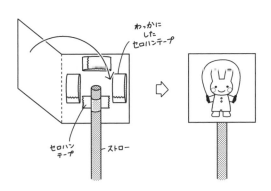

あそびかた

ストローを両手にはさみ、すばやく回転させると絵が動くよ！

その他

46 トンネルアート

対象：全学年　時間：30分

1枚の紙から，アートなトンネルをつくろう

準備物　教師：ワークシート
　　　　児童：はさみ

✏️ ねらい

紙に切れ目を入れ，折りを加えることでアーチ型のトンネルに変身。本ワークでは，その方法に着目し，1枚のワークシートから多様な形状のアーチ型をつくり，表情のあるトンネルをつくることを通じて，形の面白さや広がりについて学ぶ。

✏️ 活動の流れ

❶ 活動のめあてをつかむ
　教師がアーチ型のトンネルをつくる様子を見ることで，紙の立体的な造形に関心をもつ。
❷ ワークシートを切り取り，切れ目を入れ，アーチ型のトンネルにしてみる
　両サイドに折り目を入れ，アルファベットのAのような形に整える。
❸ 切った紙の形に折り目を入れながらいろいろな形のアーチをつくる
❹ 全体のアーチのバランスを見ながら，形の面白いトンネルをつくる
　お互いのトンネルをいろいろな角度から見たり，のぞいたりしてみる。

✏️ 指導のポイント

○ 導入では，教師がアーチ型のトンネルを見せ，それに折り目を入れることでトンネルの印象が変わることを見せ，子どもたちの制作への意欲を喚起する。
○ このワークでは，形に着目させながら，ジグザグなどの様々な形のトンネルをつくることをねらいとしているため，色はつけない。
○ 作品を見せ合う時間には，形の面白さや工夫に着目し，いろいろな方向から鑑賞する。

✏️ 評　価　※題材として取り組む場合には，次のポイントを評価規準に盛り込みたい

知・技　紙に囲まれたアーチの形状にもいろいろな形があり，連続させることで全体にリズムが生まれることに気づいている。
思・判・表　新しいアーチの形を思いつき，トンネルに生かすことができている。友だちとの表現の違いをみつけている。
態　度　ワークシートをもとに紙を切って成形する活動に，主体的に取り組んでいる。

46 トンネルアート
その他

ねん　くみ
なまえ

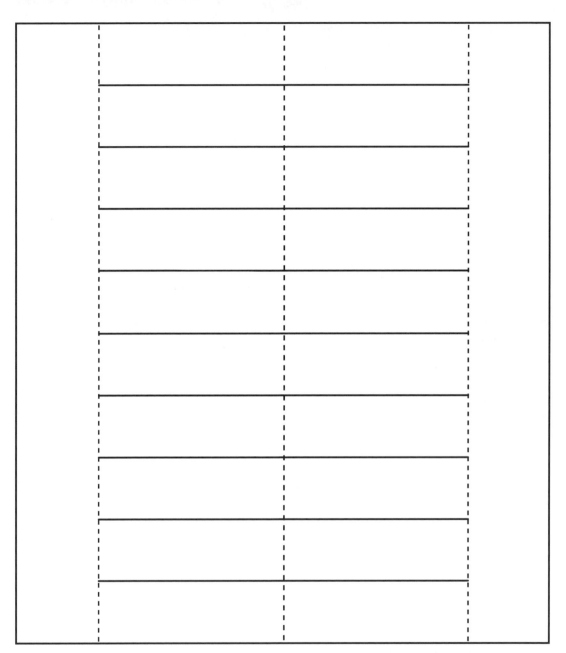

紙をきっていろいろなかたちのトンネルをつくろう！

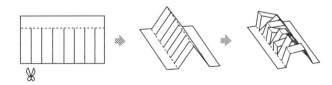
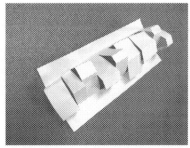

その他
47 おしゃれかんむり

対象：3年生〜　時間：30分

いろいろな変身グッズをつくって変身しよう

準備物
教師：ワークシート，輪ゴム，セロハンテープ，ホチキス
児童：はさみ，サインペン

✎ ねらい

　服装や帽子など，身につけるものによって気分が変わる経験は，誰しもがもっている。本題材では，ティアラ・王冠などのグッズをつくることによって，なりたい自分や世界を想像し，変身して楽しむことをねらいとしている。本題材では，ティアラ・王冠を題材として提供しているが，画用紙で丈夫な土台をつくり，スタンピングなどでデザインしたり，メダル，ブレスレットなどのミニグッズを追加したりして発展させることが出来る。

✎ 活動の流れ

❶ 活動のめあてをつかむ
　コピーの帯を切り取り，額にあてながら自分のデザインを考える。
❷ 鉛筆で冠などの大まかなデザインを考え，下絵を描く
　主に輪郭部分を考え，はさみで切りやすいようになるべく単純な形を考える。
❸ 切り抜き，着彩する
　デザインの違いをみつけ，いろいろな描き方があることに気づく。
❹ 頭にかぶれるように，両端に輪ゴムをつなぐ
　成形したワークシートの両端にセロハンテープを貼り，補強した後，パンチで穴を開けて輪ゴムをつなぐ。
❺ でき上がった冠をつけ，友だちと見せ合う

✎ 指導のポイント

○　導入では，教師がつくったティアラ・王冠などを被ってみせることで，子どもたちの意欲を喚起する。
○　デザインを描く際には，はさみですぐ切れるように大まかな形を描く。
○　冠と輪ゴムのつなぎ方はワークシートに準じる。ホチキスの針が子どもたちに危害を与えないように針の表面にはビニルテープなどを貼る。

✎ 評　価　※題材として取り組む場合には，次のポイントを評価規準に盛り込みたい

知・技　冠のいろいろな形を工夫して描き分けている。
思・判・表　冠の新しい形や色を思いつき，友だちとの冠の表現の違いをみつけている。
態　度　なりたい自分や世界を想像し，変身することを楽しんでいる。

47 その他
おしゃれかんむり

ねん　くみ
なまえ

自分がかぶりたい、
「かっこいい」「かわいい」かんむりを
かんがえてつくろう！

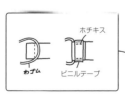

あたまの大きさにあわせて
わごむをつなごう。

その他

48 へんしんメガネ

対象：3年生〜　時間：30分

いろいろなへんしんメガネをつくって変身しよう

準備物
教師：ワークシート，輪ゴム，セロハンテープ
児童：はさみ，サインペン

✏ ねらい

　服装や帽子など，身につけるものによって気分が変わる経験は，誰しもがもっている。本題材では，へんしんメガネをつくることによって，なりたい自分に変身する楽しさを経験することをねらいとしている。ワークシートでは，メガネを題材として提供しているが，画用紙で丈夫な土台をつくりデザインしたり，ティアラ，王冠などを追加したりして発展させることができる。

✏ 活動の流れ

❶ 活動のめあてをつかむ
　コピーを切り取り，目にあてながら自分のデザインを考える。
❷ 鉛筆でメガネの大まかなデザインを考え，下絵を描く
　輪郭部分は，はさみで切りやすいようになるべく単純な形を考える。
❸ 切り抜き，着彩する
　似ているようでも違っているところをみつけ，いろいろな描き方があることに気づく。
❹ 両端に，輪ゴムをつなぐ
　成形したワークシートの両端にはセロハンテープを貼り，補強した後，パンチで穴を開け輪ゴムをつなぐ。
❺ でき上がったメガネをつけ，友だちと見せ合う

✏ 指導のポイント

○ 導入では，教師がメガネをかけてみせることで子どもたちの意欲を喚起する。
○ デザインを描く際には，大まかな形を描く。
○ メガネのふちは細くならないよう，幅3cm以上になるように伝える。
○ はさみを使うときは，はさみの延長上に自分の手がないよう注意する。

✏ 評価
※題材として取り組む場合には，次のポイントを評価規準に盛り込みたい

知・技 メガネにはいろいろな形や装飾があることに気づいている。
思・判・表 自分に似合いそうなメガネの形や色を思いついている。友だちとの装飾などの表現の違いに気づき，工夫することができている。
態度 メガネを使って，なってみたい自分になる活動に主体的に取り組んでいる。

48 その他 へんしんメガネ

つくりかた　あなたは何に変身する？

①
②
③

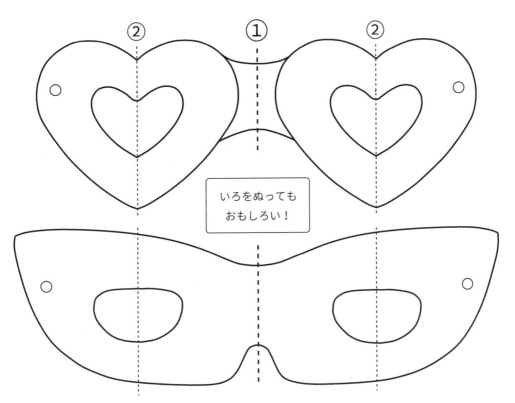

いろをぬっても おもしろい！

▼オリジナルのへんしんメガネをかんがえてみよう！

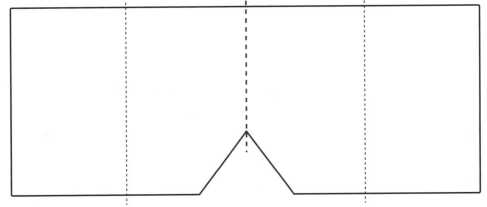

その他

49 紙コップパペット

対象：全学年　時間：30分

紙コップで動く人形をつくろう

準備物　教師：ワークシート，紙コップ1個，つまようじ
児童：はさみ，鉛筆，サインペン，

✏️ ねらい

　紙コップは，図画工作科において多用される身近な材料の一つである。本題材は，その材料を使ってパペット人形をつくることをねらいとする。ワークシートでは，人物を例につくり方を示しているが，見立てを変えることでいろいろなおもちゃに発展させることができる。

✏️ 活動の流れ

❶ 活動のめあてをつかむ
　教師が指を出したパペット人形を見て，おもちゃをつくることに関心をもつ。
❷ ワークシートをもとに原型をつくる
　紙コップから出た指がどんな風に動けば面白いかを考えながら成形する。つまようじで開けた穴に鉛筆を差し込み，まわしながら穴を大きくする。はさみの先で穴に切れ目を入れて，内側に折り穴を大きくする。
❸ 動きを確かめながらパペット人形を完成させる
　指を入れた動きを確かめながら，着彩や成形を行い完成させる。
❹ クラスの友だちとパペット人形を見せ合い，挨拶をしてまわる
　紙コップから出した指の先をちょんちょんと合わせながら挨拶をし，スキンシップを図る。

✏️ 指導のポイント

○　導入では，指を生かした動きをみせることで子どもたちの意欲を喚起する。
○　動くものは，人形の腕以外に，動物の足，ゾウの鼻などいろいろなものに見立てられる。
○　はさみで穴を開けるときは，十字に切れ目を入れると正方形の穴が開く。この穴の形状は，子どものはさみのスキルや制作時間に合わせて4つ，8つと変更する。
○　動きのイメージが定まったら，サインペンで着彩したり，はさみで成形を加えたりする。
○　本題材は，指でのスキンシップが可能になるので，初めてのクラス編成や縦学年での交流行事などでも有効に活用することができる。

✏️ 評　価　※題材として取り組む場合には，次のポイントを評価規準に盛り込みたい

知・技　穴の開け方や道具の使い方の工夫を理解している。
思・判・表　指の動きにいろいろな見立てができることに気づき，動いて楽しいものを思いついている。自他の表現の違いをみつけている。
態　度　紙コップを使って動くものをつくる活動に主体的に取り組んでいる。

49 その他
紙コップパペット

つくりかた

紙コップにゆびが入る大きさの
あなをあけて、ゆびを入れたら
パペット人形にへんしん！

バリエーション いろいろなところにゆびが通るあなをあけて
たのしくなるパペット人形をつくろう！

その他

50
水性ペン染め

対象：全学年　時間：45分

水性ペンを使って，ティッシュペーパーを染めよう

準備物　教師：ワークシート，ティッシュペーパー，水性ペン，新聞紙など下に敷くもの
児童：なし

✏️ ねらい

ティッシュペーパーを畳んで水性ペンのインクを染み込ませることで，簡単紙染めができる。小さく折った紙に模様をつけることで，同じ形の模様の広がりを楽しむことがねらいである。中学年以降では，染めたものの利用を考える。

✏️ 活動の流れ

| ❶ 活動のめあてをつかむ
　教師が染めた紙をみて，制作に関心をもつ。
❷ ワークシートのパターン①または②を選んで折る
❸ 水性ペンをティッシュペーパーに押し当て，インクを染み込ませる | 　重なっているティッシュペーパーに，インクが染み込んでいるか確認しながら作業をする。
❹ 完成したら，作品を広げて鑑賞し合う
　時間に余裕がある場合には，パターン①②以外の折り方にも挑戦する。 |

✏️ 指導のポイント

○　導入では，教師の作品を広げてみせることで子どもたちの意欲を喚起する。

○　ティッシュペーパーが重なっているため，インクが染み込むまで時間がかかることを伝える。必要に応じて，裏側からもインクを染み込ませるとよい。

○　本ワークでは，ティッシュの折り方によって，模様のつき方が変わることや色の組み合わせで様々な模様ができ上がることに気づけるようにする。

○　中学年以上では，染めたティッシュを成形し，ラミネーターコーティングしてしおりやコースターなどをつくることもできる。

○　水性インクは光に弱く色あせするので，長期に色を維持したい場合には，カラーコピーをかけたり，スキャナーでデジタルデータとして取り込み，いろいろな用途に使うことができる。

✏️ 評　価　※題材として取り組む場合には，次のポイントを評価規準に盛り込みたい

知・技　折り方や色の組み合わせの工夫による違いに気づいている。
思・判・表　折り方や染め方を試す中で，自他の作品の違いやよさに気づいている。
態　度　紙を折って染める活動に主体的に取り組み，友だちと見せ合うことを楽しんでいる。

50 その他 水性ペン染め

そめた紙を何につかうか
いろいろかんがえてみよう！

つくりかた

パターン①

ティッシュペーパーを図のように四角に
2回たたんだあと，三角にたたむ。

パターン②

ティッシュペーパーを四角形に4回たたむ。

① 新聞紙のうえにたたんだティッシュペーパーをおき、カラーペンで色をつける。
② 染めおわったらしんちょうにティッシュペーパーを広げ、かわかす。

ペンは上からそっと置くようにして色をつけ、
うらまでにじんできたらペンをはなし、
べつの場所に移動して染める。

リフレカード

	ねん　　くみ
	なまえ

① 発見したこと，工夫したこと

② 思い付いたこと，考えたこと

月　　日

リフレカード

	ねん　　くみ
	なまえ

① 発見したこと，工夫したこと

② 思い付いたこと，考えたこと

月　　日

リフレカード

| ねん　　くみ |
| なまえ |

① 発見したこと，工夫したこと

② 思い付いたこと，考えたこと

月　　日

リフレカード

| ねん　　くみ |
| なまえ |

① 発見したこと，工夫したこと

② 思い付いたこと，考えたこと

月　　日

【著者紹介】

竹井　史（たけい　ひとし）

同志社女子大学 現代社会学部 現代こども学科教授。筑波大学人間総合科学研究科 後期博士課程（芸術学専攻）満期退学。富山大学人間発達科学部教授，愛知教育大学教育学部創造科学系教授，愛知教育大学附属名古屋小学校校長などを経て現職。専門は美術教育学，幼児教育（造形・遊び）。文部科学省「図画工作用具で扱う材料や用具」作成協力者。図画工作科教科書（日本文教出版）企画及び著者など。身近な材料を使ったおもちゃづくりの研究，子どもの造形活動を活性化する土環境の研究をしている。（HP：タケイラボ https://www.takeilab.com）

〈主な著書〉

『幼児期の終わりまでに身につけたい造形道具の知識と技能が楽しくしぜんに育つ本（通称：道楽本）』メイト（2019）

『作って遊べる子どもの art book まいにちぞうけい115』メイト（2017）

『作って遊べるカンタンおもちゃ』ひかりのくに（2012）

『0～5歳児　どろんこ遊び水遊びプール遊び180—光る泥だんごの作り方付き！』ひかりのくに（2011）

『遊びづくりの達人になろう！　子どもが夢中になってグーンと成長できる　3，4，5歳の遊び55』全3巻　編著　明治図書（2011）

『どんぐり・落ち葉・まつぼっくり製作BOOK』ひかりのくに（2010）

『資質・能力を育む　新図工科授業作りのアイデア集—指導と評価のポイント』全6巻　共編著　明治図書（2008）

『製作あそび百科』ひかりのくに（2006）

『つくって遊ぼう！！　伝承おもしろおもちゃ事典』明治図書（2003）

他多数

〔本文イラスト〕ながせはると（イラストレーター）
子どものイラストを中心に描いています。
Website：http://haruto-n.tumblr.com/

図工科授業サポートBOOKS
小学校図工スキマ時間に大活躍！
おもしろショートワーク　工作あそび編

2019年10月初版第1刷刊	©著　者	竹　　井　　　　史
2021年11月初版第3刷刊	発行者	藤　　原　　光　　政

発行所　明治図書出版株式会社
　　　　http://www.meijitosho.co.jp
（企画）木村　悠 （校正）中野真実
〒114-0023　東京都北区滝野川7-46-1
振替00160-5-151318　電話03(5907)6702
ご注文窓口　電話03(5907)6668

＊検印省略　　　組版所　株式会社木元省美堂

本書の無断コピーは、著作権・出版権にふれます。ご注意ください。
教材部分は、学校の授業過程での使用に限り、複製することができます。

Printed in Japan　　　　　　　　ISBN978-4-18-427212-5
もれなくクーポンがもらえる！読者アンケートはこちらから→